KB273555

재즈를 시작해

일러두기

1. 시·단편소설·논문·칼럼·법령은 홑낫표「」로, 책·신문·잡지는 겹낫표『』로 묶었다.
2. 음악·영화·뮤지컬·예술 작품은 홑화살괄호〈〉로, 음반은 겹화살괄호《》로 묶었다.
3. 음반과 곡 제목은 원어로 표기하되, 독자의 이해를 돕기 위해 본문에서 처음 나오는 곳에 외래어 표기법에 따라 소리나는 대로 적었다.
4. 직접인용 문구는 큰따옴표“ ”로, 간접인용과 혼잣말, 강조 문구는 작은따옴표‘ ’로 표기했다.
5. 외국 인명과 지명은 외래어 표기법을 따랐다. 재즈 뮤지션의 이름은 본문에서 처음 나오는 곳에 원어로 표기했으며 일부 굳어진 명칭은 그대로 표기했다.

JAZZ

재즈를 시작해

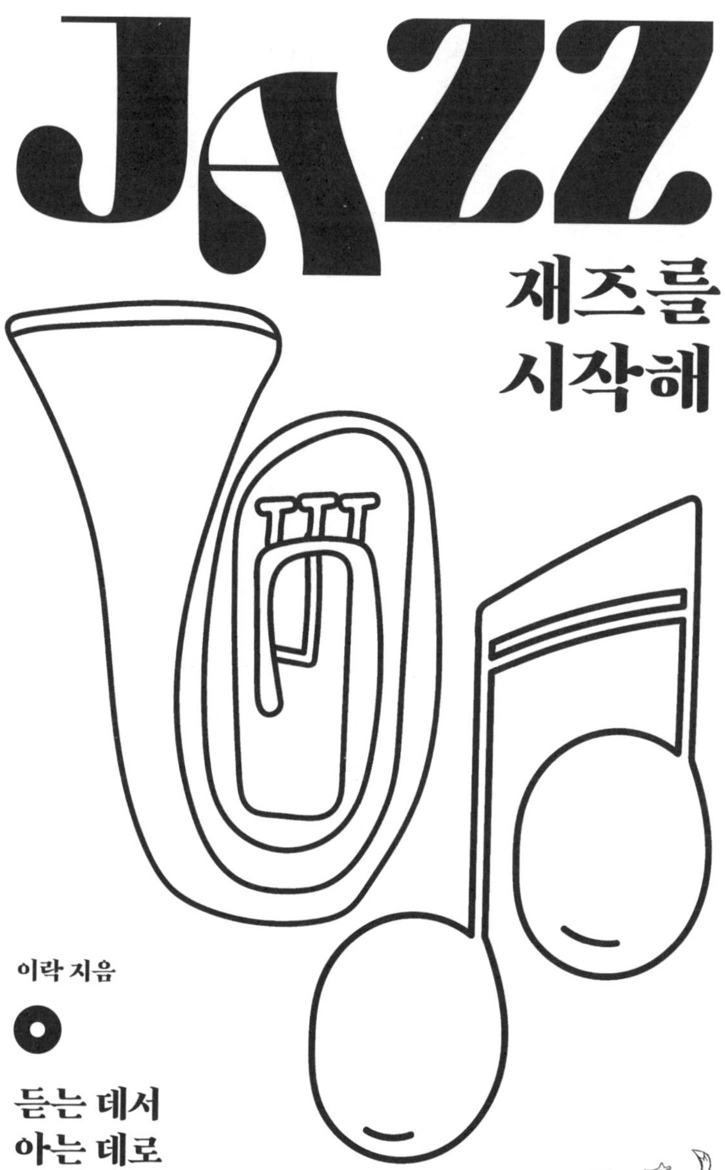

이락 지음

들는 데서
아는 데로
널 위한 재즈 수업

초록비책공방

수업에 들어가며

적당히 끓인 물을 드립 주전자에 붓는다. 얼마 전 구매한 케냐AA 원두를 채운 드리퍼에 물을 천천히 적신다. 향긋하게 배어 나오는 커피 향에 슬쩍 미소가 나온다. 편안한 의자에 앉아 커피잔을 입에 가져가는 순간, 뭔가 살짝 부족한가? 이때 유튜브에서 '재즈'를 검색한 후 플레이 버튼을 누른다. 한 잔의 모닝커피 그리고 재즈. 사무실은 금세 카페로 변한다.

매연으로 메케한 공기와 도로 바닥에서 스멀스멀 올라오는 열기, 백화점 지하 주차장은 숨쉬기가 불편하다. 얼른 엘리베이터를 타고 백화점 입구로 이동한다. 안온한 조명, 조용히 흘러나오는 재즈에 스르륵 마음이 풀린다. 완전히 무장 해제되어 나는 여기서 지갑을 좀 털려도 괜찮겠다고 생각한다.

우리는 자의든 타의든 일상에서 재즈에 많은 자리를 내어주고 있다. 커피 마실 때, 쇼핑할 때, 일할 때도 재즈는 우리

곁에 머무른다. 심지어 지금 이 글을 쓰는 중에도 내 귀에는 재즈가 들린다(여기는 스타벅스랍니다). 이것이 "재즈 좋아하세요?"라는 물음에 다수가 긍정하는 이유일 것이다. 하지만 재즈가 우리에게 허락하는 선은 딱 여기까지. 이 재즈라는 음악이 워낙 밀당의 고수라서 조금만 가까이 다가가면 이렇게 말하며 선을 긋는다.

"자주 만났다고 착각하는 모양인데, 나 그렇게 쉬운 음악 아니거든."

누구나 알다시피 재즈는 분명 어려운 음악이다. 비전문가인 우리뿐 아니라 많은 음악 전문가의 의견도 대체로 같다. 연주하기 어려운 건 말할 것도 없고 제대로 듣기조차 어렵다. 이렇다 보니 청취자에 비해 깊게 즐기는 마니아가 적은 편이다. 재즈를 거칠게 정의하면 '즐겨 듣는다는 사람은 많은데 잘 아는 사람은 별로 없는 음악'이랄까?

물론 반드시 잘 알아야만 즐길 수 있는 건 아니다. 축구를 잘 몰라도 손흥민의 골에 환호할 수 있고, 그림에 문외한이라도 마크 로스코의 작품을 보며 눈물 흘릴 수 있다. 하지만 어떤 장르이건 좀 더 알면 더 재밌게 즐길 수 있다는 것 또한 분명하다. 축구마니아는 손흥민의 날카로운 움직임을 훨씬 잘 포착할 것이며, 마크 로스코의 작품으로 미술 애호가가 받는 감동은 일반 대중보다는 월등히 클 것이다. 재즈 역시 그렇다. 주말 대청소를 위한 노동요나 연말에 무드음악으로 재즈를 즐기는 것도 좋지만 스트리밍 서비스에 '마일스 데이비스'를 검색해 들으며 '음…, 이 곡은 하드밥 재즈에 가깝군' 하며 중얼거리는 것도 또 다른 재미이다.

이 책을 통해 이 도도한 장르가 어떻게 태어났으며 어떤 변화를 겪었는지, 전성기는 언제였고, 어쩌다 이리 어려운 음악이 되어버렸는지, 또한 어려운 음악이라는 한계를 극복하고 대중 곁에 살아남기 위해 얼마나 노력하며 성장해 왔는지 이야기해 볼 것이다. 노동요로, 무드음악으로 재즈를 즐기다 재즈라는 음악에 호기심을 갖게 된 여러분은 자연스럽게 저명한 뮤지션의 이름과 그들의 대표 앨범에도 익숙해질 것이다. 다만 어렵게 얻은 흥미가 꺾이지는 않을까 하여 어려운 용어는 최대한 배제했다. 이 책의 목적은 재즈 감상의 재미 증진이지 고급스러운 설명으로 장르의 위상을 높이려는 것이 아니기 때문이다. 어디까지나 재즈 마니아의 길로 들어서기 위한 교두보라고 생각하면 되겠다.

재즈와 여러분의 삶을 버무리는 데 도움이 되었으면 하는 바람으로 중간중간 학습지를 넣어두었으니, 펜을 들고 사분사분 써 내려가며 천천히 재즈를 곱씹어보셨으면 한다. 나는 책을 읽다가 재즈곡을 틀어두고 생각에 잠긴 듯 턱을 괴고 있는 여러분을 상상하고 있다. 왠지 마음이 뜨끈해진다.

영화나 드라마에서 나오는 재즈에 '음, 스탄 게츠로군. 이 음반 명반이지'라며 허세를 부려본다든지, 카페에서 들려오는 음악에 "오, 빌 에반스네요. 재즈 좋아하시나 봐요?"하며 사장님에게 말을 건네고 단골이 되는 것. 이 정도가 이 책의 효용이다. 보잘것없는 이런 것들이 그럴듯해 보인냐면(심시어 멋있어 보인다면), 여러분은 이미 재즈라는 바다에 빠져 허우적댈 자격이 충분하다. 축하할 일인지는 모르겠지만, 어쨌든 동료가 된 것을 진심으로 환영한다.

CONTENTS

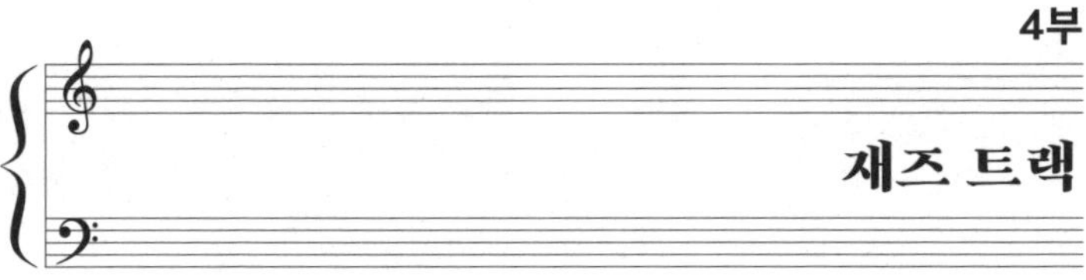

4부
재즈 트랙

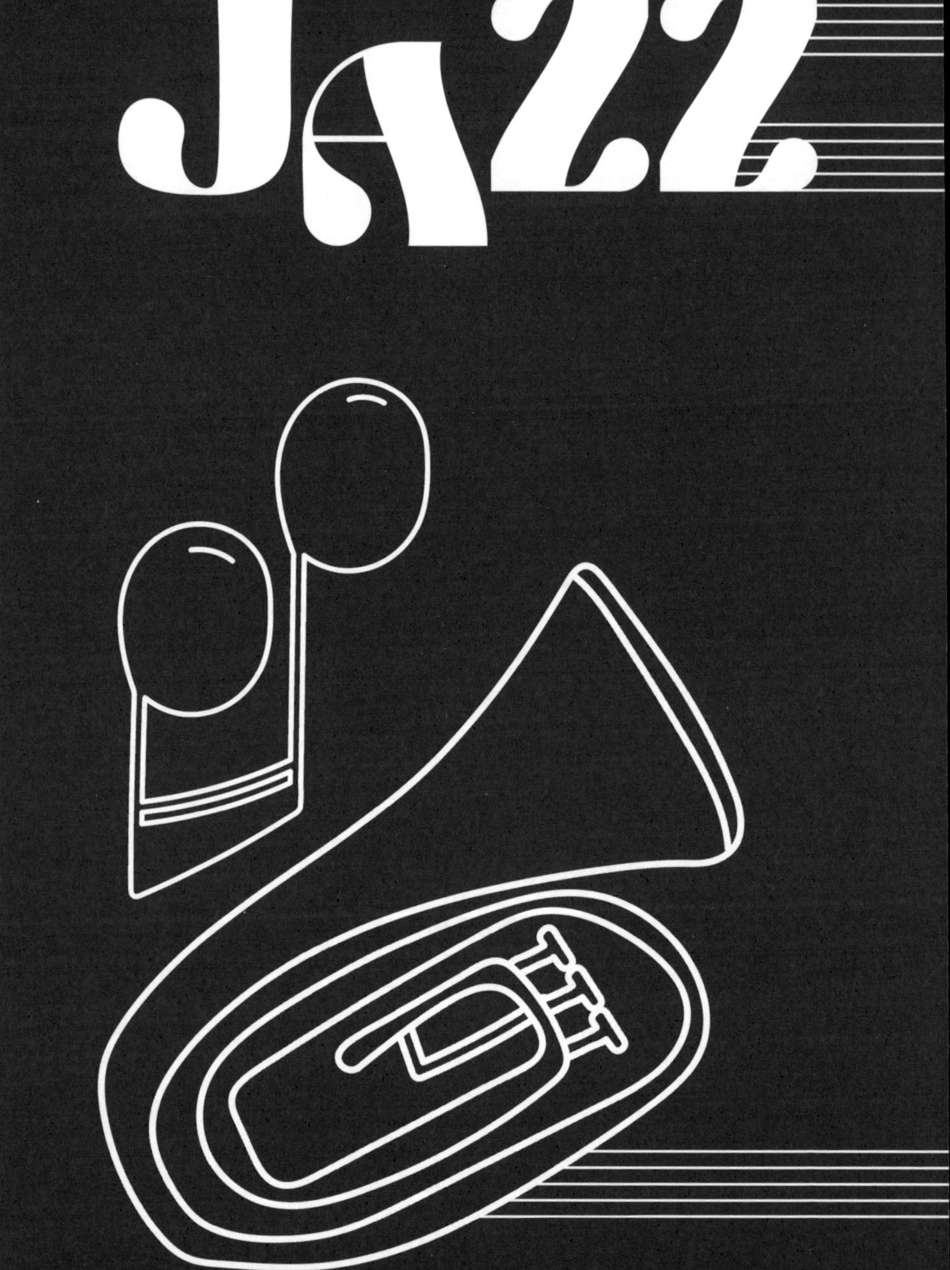
JAZZ

1부

재즈, 너란 녀석은

재즈 느낌이 나서
재즈라고 말했을 뿐

재즈*Jazz*가 흘러나올 때 우리는 직관적으로 그 음악이 '재즈'라는 것을 안다. 대개 이 판단은 무의식의 영역에서 찰나에 일어나는 일이므로 굳이 '왜 내가 이 음악을 재즈라고 생각하는 거지?' 따위의 질문은 하지 않는다. 그렇지만 이번 기회로 생각해 보자. 여러분은 왜 재즈라고 생각했을까? 아래 QR 확인!

 〈Estate〉, 엔초 오레피체 트리오 

이 음악을 듣고 있을 여러분의 생각이 궁금하다. 예상하자면 이런 걸까?

"살짝 뒤로 물러나는 듯한 리듬, 딱 재즈네."

"연주자가 자기 멋대로 하는 것 같은데 뭔가 멋지다. 이건 재즈다!"

"피아노랑 색소폰이 번갈아 가면서 대화하는 느낌, 재즈 아니겠어?"

"짧은 멜로디 후에 이어지는 자유로운 연주. 이게 재즈지."

이것 말고도 다양한 인상이 있겠지만 여러분이 왜 재즈라고 생각했는지에 대한 조금 더 명쾌한 대답은 이렇다.

"이 음악이 재즈의 룰을 따르고 있기 때문이지!"

지금부터는 재즈라는 음악의, 비록 타 장르에 비해 느슨할지언정 분명히 존재하는 암묵적인(?) 룰에 대해 알아보겠다. 재즈의 구성이라든가 즉흥연주, 재즈에서 주로 사용되는 악기와 재즈를 재즈답게 만들어주는, 누구나 알고 있지만 굳이 표현하려면 힘든, 그 지점에 대한 고찰이다.

장담하건대 1부를 읽고 나면 여러분은 재즈와 부쩍 친해진 느낌을 들 것이다. 마치 다른 사람이 모르는 비밀을 공유하면 절친이 되는 느낌과 유사하달까? 새 절친이 너무 궁금하다고? 이렇게 말릴 새도 없이 재즈에 푹 빠진다니까.

재즈의 구성

재즈곡의 기본 구성은 다음과 같다. 아래의 구성을 따르는 곡이라면 누가 뭐래도 재즈다.

"헤드*Head* → 즉흥연주*Improvisation* → 헤드"

재즈의 구성 첫 번째, 헤드

'헤드(주제, 테마라고도 하지만 이 책은 헤드로 통일, 이하 '헤드')'는 재즈곡의 정체성을 확인할 수 있는 유일한 수단이다. 다시 말해 헤드에서 연주되는 멜로디를 통해서만 '내가 지금 듣고 있는(혹은 듣게 될) 곡은 ⟨The Girl From Ipanema 더 걸 프롬 이

파네마〉군'이라는 판단을 내릴 수 있는 것이다. 만약 딴생각하다가 헤드를 놓쳐버렸다면? 공연 브로슈어나 음반 재킷을 확인하기 전까지 곡의 제목은 알 수 없다. 아니면 모든 즉흥연주가 끝나고 다시 헤드가 반복되기를 기다리거나.

즉흥연주가 중심인 재즈에서 어떤 곡을 연주하든 그게 뭐가 대수인가, 어떤 연주자인가가 더 중요한 거 아닌가 하는 생각을 지닌, 즉흥연주 위주의 재즈 애호가도 있겠다. 그렇지만 헤드와 즉흥연주를 완전히 분리해서만 볼 수 없는 이유가 헤드에서 제공되는 코드를 토대로 즉흥연주를 펼치는 것이 암묵적으로 합의된 룰이기 때문이다. 그러니까 헤드는 단순히 곡의 정체성을 드러낼 뿐만 아니라 연주자의 즉흥연주에도 영향을 미친다는 것이다.

이를 위해 상상력을 발휘해 보자. 연주자끼리 즉흥적으로 캄보*combo*(재즈를 연주하는 소규모 악단)를 구성해 이루어지는 무대를 '잼*Jam*'이라고 하는데, 이런 잼 연주가 시작되기 전 연주자 간의 대화를 상상해 보았다. 이 어색한 번역체 문장은 가상의 뮤지션들의 영어 대화라고 생각해 주시길.

제임스(피아노)　　　헤이, 거기 판타스틱한 스틱을 쥔 숙녀, 〈Oleo〉 알지?

새라(드럼)　　　　　물론이지. 더블베이스만 한 덩치 친구, 너도 오케이?

발리 쿨리(베이스)　나도 준비됐어. 가보자고, 친구들!

대체 〈Oleo〉라는 곡이 얼마나 유명하기에 이 세 연주자가 다 알고 있는 거지? 싶은 생각이 들 텐데. 맞다, 여러분 짐작대로 엄청 유명한 곡이다. 이건 가상의 세 연주자가 모두 소니 롤린스*Sonny Rollins*의 〈Oleo 올리오〉라는 곡의 멜로디와 코드를 알고 있어야만 가능한 대화인 것이다. 이렇게 웬만한 재즈 연주자라면 다 알만한 유명한 곡을 '스탠더드 넘버*Standard Number*'라고 한다.

  〈Oleo〉, 소니 롤린스

재즈 스탠더드 넘버

스탠더드 넘버 중 다수는 대중음악*popular song*이다. 앞서 언급했듯이 여러 음악이 아우러져서 만들어진 장르인 재즈가 굳이 대중음악을 외면할 이유는 전혀 없었을 것이다. 생각해 보자. 두 종류의 재즈 공연이 있다. 둘 다 대중에게는 잘 알려지지는 않지만, 기가 막힌 실력을 지닌 연주자들로 구성된 캄보의 공연이라고 가정하자. 캄보 A는 대중이 전혀 모르는 곡을 연주한다. 캄보 B는 대중에게 익숙한 디즈니 애니메이션의 삽입곡을 연주한다. 둘 중 하나만 관람할 수 있다면 어떤 공연이 더 많은 선택을 받을지 예측하는 건 어렵지 않다. 도

전 정신 강한 몇몇 관객을 제외하면 대부분 캄보 B의 공연 표를 구매하지 않을까?

이런 까닭에 대중적으로 잘 알려진 데다가 적절한 코드 진행으로 즉흥연주 하기 알맞은 곡이라면 재즈 연주자들이 선택을 마다할 이유가 없었다. 그런 곡이 오랜 세월 차곡차곡 모여 '스탠더드 넘버'로 자리를 잡게 되었다. 이것이 대략 20세기 초반부터 중반까지의 대중음악이 재즈 스탠더드 넘버로써 지금까지 연주되는 이유이다. 그렇다면 20세기 중반 이후는 왜 눈에 띄는 스탠더드 넘버가 없을까? 눈치 빠른 독자들은 알아챘겠지만, 저작권 개념이 정립되면서부터는 대중음악이 스탠더드 넘버로 편입되는 것이 사실상 불가능해졌다.

물론 대중음악만 스탠더드 넘버가 될 수 있는 건 아니었다. 재즈가 대중의 인식 속에서 하나의 장르로 굳건히 자리를 잡으면서 재즈 뮤지션들이 대중의 인지도를 얻게 되었다. 그리하여 지금은 소위 '거장'이라고 칭하는 재즈 음악가들이 재즈 연주를 위한 목적으로 작곡한 오리지널 곡들도 스탠더드 넘버에 편입이 되기 시작한다. 앞서 사례로 든 〈Oleo〉 역시 소니 롤린스라는 걸출한 뮤지션이 작곡한 오리지널 곡인데, 이 곡이 마일스 데이비스*Miles Davis*, 빌 에반스*Bill Evans*, 윈튼 마살리스*Wynton Marsalis*, 브래드 멜다우*Brad Mehldau* 등 많은 재즈 뮤지션에게 선택받아 재연주되면서 스탠더드 넘버가 된 것이다.

내친김에 우리에게도 익숙한 스탠더드 넘버를 몇 가지 소개한다. 제목만 보면 낯설어도, 막상 들으면 "아 이거!" 하고 무릎을 치게 될 것이다.

⟨Autumn Leaves⟩

원래는 프랑스 샹송이다. 훗날 영어 가사가 붙고 나서 미국에서도 큰 사랑을 받았다. 재즈 연주곡으로도, 보컬 곡으로도 큰 사랑을 받은 빅히트 명곡. 뮤지션들은 몽환적으로 연주하거나 빠른 템포로 슬픔을 이겨내듯 밀어붙이기도 한다. 뮤지션 각자가 내어놓은 '가을'의 떠오르는 감정선에 관한 다양한 해석을 맛보는 즐거움이 있다.

추천곡 연주 버전은 마일스 데이비스와 함께한 캐논볼 애덜리, 에디 히긴스 트리오의 버전을, 보컬 버전은 에바 캐시디, 에릭 클립튼의 곡을 추천한다.

⟨All the Things You Are⟩

아름다운 하모니 구조로 재즈 뮤지션 사이에서 사랑받는 곡. 원래 1939년 브로드웨이 뮤지컬 ⟨Very Warm for May 베리 웜 포 메이⟩에서 연주된 곡이었다. 공연은 조기종영 되었지만, 이 곡은 화성 진행의 변화무쌍함 덕분에 공연과 상관없이 연주자들의 사랑을 받았다. 테크닉을 자랑하려는 악기 연주자에게는 일종의 격전장 같은 곡이기도 하다.

추천곡 키스 자렛의 솔로 피아노 연주, 혹은 스탄 게츠의 테너 색소폰 버전이 대표적이다. 보컬 버전은 엘라 피츠제럴드의 버전을 추천한다.

〈My Funny Valentine〉

1937년 뮤지컬 〈Babes in Arms 베이브스 인 암스〉의 수록곡. 말랑한 제목에 비해 분위기는 꽤 쓸쓸하고 서늘하다. '밸런타인데이'와는 전혀 무관하게 사랑하는 사람의 어리숙함까지 애정 어린 눈으로 바라보는 내용이다. 쳇 베이커*Chet Baker*의 목소리로 이 곡을 처음 듣게 된다면 그 속삭이는 듯한 톤에 심장이 녹아버릴 수도 있다.

추천곡 음원 스트리밍 서비스에서 쳇 베이커, 엘라 피츠제럴드, 사라 본 버전을 찾아 들어보시길. 같은 곡에 이토록 다른 색을 입힐 수 있는 게 바로 재즈다.

〈Take the A Train〉

전성기 시절 뉴욕을 배경으로, 활기찬 도시의 기운을 담은 경쾌한 스윙 넘버. 'A 열차를 타고 할렘으로 가라'는 내용의 이 곡은 듀크 엘링턴 오케스트라의 대표 작곡가 빌리 스트레이혼*Billy Strayhorn*의 작품이다. 누구나 한 번쯤 듣고 흥얼거리게 되는 전형적인 재즈 브라스(금관악기)의 맛이 있다. 전차가 덜컹거리며 움직이는 느낌을 구현한 듯한 인트로도 인상적이다.

추천곡 듀크 엘링턴이 이끄는 재즈 오케스트라의 연주를 들어보자. 그냥 흐르는 대로 몸이 들썩거리는 느낌, 그것이 바로 스윙이다. 보컬 버전도 좋으니 찾아 들어보자.

<Misty>

재즈를 사랑한다고 말하면서 이 곡을 모른다면 민망한 일이다. 재즈 발라드계의 대표이자 진리랄까? 에롤 가너*Erroll Garner*가 작곡한 피아노 솔로에서 시작되어 사라 본*Sarah Vaughan*, 엘라 피츠제럴드*Ella Fitzgerald*, 조니 매티스*Johnny Mathis* 등 수많은 보컬 버전으로 이어졌다. 그야말로 '재즈 발라드의 정수'.

추천곡 밤에 혼자 엘라 피츠제럴드가 부른 <Misty>를 듣는다면 가사를 몰라도 눈물이 날 수도 있다.

재즈의 구성 두 번째, 즉흥연주

재즈를 아는 척하고 싶으면 이렇게 운을 떼면 된다.

"재즈는 즉흥 아니겠어!"

재즈라는 음악에서 즉흥연주는 매우 큰 비중을 차지한다. 어느 정도냐면 특정 뮤지션을 재즈 뮤지션으로 분류할 수 있는가는 따지는 논쟁에서 즉흥성의 여부가 가장 설득력 있는 근거로 활용될 정도이다. 예컨대 <Don't Know Why 돈트 노

와이)로 유명한 노라 존스*Norah Jones*는 재즈 뮤지션인가에 관한 논쟁을 생각해 볼 수 있겠다. 그녀는 저명한 재즈 레이블인 '블루노트*Blue Note*'에서 데뷔했고, 많은 이들이 그녀의 음악을 통해 재즈에 입문했다. 그럼에도 노라 존스를 '팝 아티스트'로 분류하는 경우도 있다. 그 이유는 그녀의 음악에 즉흥성이 없기 때문이다.

여기서 말하는 즉흥성이 꼭 '예측 불가능한 연주'나 '무조건 라이브에서만 가능한 것'을 말하는 건 아니다. 즉흥이란 정해진 악보나 연주 패턴을 그대로 재현하는 것이 아니라 그 틀 안에서 연주자가 자신의 감정이나 해석을 실시간으로 표현하는 것을 말한다. 즉흥적인 연주는 음반에도 담길 수 있다. 재즈 뮤지션은 자신의 앨범에 실린 곡을 공연에서 연주할 때 절대 똑같이 연주하지 않는다. 음반은 녹음 당시의 순간, 공연 때는 그 순간의 즉흥연주로 채우는 것이다. 그러니 둘은 결코 같을 수 없다. 하지만 노라 존스의 음악은 구성과 편곡, 보컬의 해석이 대부분 정형화되어 있고 연주자 간의 실시간 상호작용이나 변형이 거의 없다. 다시 말해 재즈의 큰 특징 중 하나인 연주자들 사이의 '즉흥적인 대화'가 일어나지 않는 것이다. (오해는 금물! 재즈가 아니라고 해서 곡의 가치가 떨어지는 건 절대 아니랍니다.)

즉흥성은 재즈를 재즈답게 만드는 생명력이다. 오케스트라가 정해진 악보를 연주하는 것이 '재현'이라면 재즈는 그

틀 위에서 지금 이 순간을 함께 만드는 '반응'의 음악이다. 지휘자의 지휘 아래 모든 악기가 악보에 맞게 연주하는 것을 목표로 삼는 클래식 연주와 비교해 보면 재즈 연주자에게 주어진 자유가 얼마나 큰 것인지 실감할 수 있다. 결국 재즈의 자유는 이 즉흥성에서 비롯되는 것이라고 볼 수 있다.

자, 이제 재즈 한 곡이 연주되는 방식과 구성에 대해 생각해 보자. 그러기 위해서는 아까 대화를 나누던 세 뮤지션을 다시 불러와야겠다.

제임스(피아노)	내가 먼저 2 코러스 솔로 연주할게. 다음엔 드럼 솔로 1 코러스 괜찮아?
새라(드럼)	오케이, 그리고 나면 제임스, 나랑 2 코러스를 트레이드로 연주하자고. 1 프레이즈 씩 나눠서.
발리쿨리(베이스)	좋아. 트레이드가 끝나면 내가 솔로 1 코러스 할게!
제임스(피아노)	알았어, 브로. 네 연주 끝날 때쯤 신호를 줄게. 그러면 마무리 헤드에 돌입하는 거야.

물론 실제 뮤지션의 대화는 상황에 따라 다르겠지만 숙련된 재즈 뮤지션이라면 대략 이 정도의 대화만으로도 분명히 훌륭한 무대를 만들어낼 수 있다.

솔로? 트레이드? 코러스? 프레이즈?

솔로*Solo*, 트레이드*Trade*, 코러스*Chorus* 같은 용어를 보고는 이게 뭐지 싶은 분들, 환영합니다. (이 책은 여러분을 위한 거예요.) 처음이라 낯설어서 그렇지 이해하기 어려운 용어는 아니니 천천히 따라오시길.

'솔로'는 단독 연주를 뜻한다. 그런데 재즈란 본래 협업의 음악! 제아무리 '단독' 연주라고 하더라도 결코 악기 주자 외로이 연주하도록 내버려두지 않는다. 피아노가 솔로 연주를 하면 드럼과 베이스는 비트를 넣어 피아노의 솔로를 꾸며준다거나 드럼이 앞장서면 피아노와 베이스가 뒤로 빠져 드럼 솔로를 돋보이게끔 하는 등의 협주가 곁들여진다.

'트레이드'는 두 악기가 일정한 길이를 번갈아 가며 연주하는 방식이다. 두 악기가 마치 대화하듯이 연주를 주고받기 때문에 연주자 사이의 소통과 호흡이 중요하다. 실제 공연에서 트레이드 장면을 보고 있으면 '악기로 대화한다'라는 것이 비유만은 아니라는 사실을 직관적으로 알 수 있다.

K-POP에서 '코러스'란 후렴을 뜻하지만, 여기에서는 길이의 단위로 사용되었다. 1 코러스는 헤드로 사용된 곡의 길이를 의미한다. 16마디로 구성된 곡을 헤드로 연주한다면 16마디가, 12마디로 구성된 블루스곡이라면 12마디가 '1 코러스'가 된다.

　‘프레이즈*phrase*’도 길이의 단위로, 악기나 장르에 따라 여러 의미로 해석되는데 보통 4마디를 한 프레이즈라고 생각하면 무리는 없다. 만약 제임스, 새라, 발리쿨리로 구성된 캄보가 그들이 나누었던 계획대로 16마디로 구성된 스탠더드 곡을 연주한다고 하자. 그러면 이런 순서로 연주될 것이다.

헤드(협주)			
1마디	2마디	3마디	4마디
5마디	6마디	7마디	8마디
9마디	10마디	11마디	12마디
13마디	14마디	15마디	16마디

피아노 솔로				
1 코러스	1마디	2마디	3마디	4마디
	5마디	6마디	7마디	8마디
	9마디	10마디	11마디	12마디
	13마디	14마디	15마디	16마디
2 코러스	17마디	18마디	19마디	20마디
	21마디	22마디	23마디	24마디
	25마디	26마디	27마디	28마디
	29마디	30마디	31마디	32마디

드럼 솔로				
1 코러스	1마디	2마디	3마디	4마디
	5마디	6마디	7마디	8마디
	9마디	10마디	11마디	12마디
	13마디	14마디	15마디	16마디

피아노 & 드럼 트레이드			
피아노	1마디	2마디	3마디	4마디
드럼	5마디	6마디	7마디	8마디
피아노	9마디	10마디	11마디	12마디
드럼	13마디	14마디	15마디	16마디

베이스 솔로				
1 코러스	1마디	2마디	3마디	4마디
	5마디	6마디	7마디	8마디
	9마디	10마디	11마디	12마디
	13마디	14마디	15마디	16마디

헤드(협주)			
1마디	2마디	3마디	4마디
5마디	6마디	7마디	8마디
9마디	10마디	11마디	12마디
13마디	14마디	15마디	16마디

여기에서 '헤드'를 제외한 모든 부분이 즉흥연주다. 이 압도적인 비중! 이것이 재즈의 꽃이라고 불리는 즉흥연주의 위용이다.

재즈의 구성 세 번째, 다시 헤드

즉흥연주가 끝나면 앞서 제시되었던 '헤드'를 다시 연주하며 곡을 마무리한다. 이 구조는 재즈의 핵심 문법 중 하나다. 처음 들었을 땐 마치 자유롭게 흘러가는 듯하지만 실은 시작과 끝이 분명히 정해져 있는 구조다. 이런 틀 덕분에 연주자들은 그 안에서 자유롭게 놀 수 있는 것이다.

'재즈는 자유다'라는 말을 들어본 적이 있을 것이다. 이 말은 재즈가 미국 흑인들의 억압된 삶 속에서 태어난 음악이라는 역사적 맥락으로 보나, 연주자 간의 즉흥적 대화로 구성된 형식으로 보나 꽤 설득력 있는 표현이다. 다만 이 말을 너무 문자 그대로 받아들이면 재즈가 마치 아무 규칙도 없는 음악처럼 오해할 수 있다.

제아무리 자유의 음악이라 해도 100년 넘게 이어져 온 장르가 나름의 규칙 없이 유지되었다고 보긴 어렵다. 악보가 없거나 리허설 없이 녹음하는 경우도 있지만 재즈 뮤지션 사이에는 암묵적으로 공유되는 기본 구성이 존재한다. 바로 앞서 설명한 '헤드→솔로(즉흥연주)→헤드'라는 틀이다. 마치 연극의 '발단-전개-결말'처럼 이 구조는 곡의 흐름을 잡아주는 뼈대다.

물론 이 구성도 절대적인 건 아니다. 어떤 뮤지션은 중간에 솔로가 아니라 '콜 앤 리스폰스*Call and Response*'●방식의 집

● 아프리카계 음악 전통에서 비롯된 형식. 한 주체(콜)가 연주나 노래의 한 구절을 제시하고, 다른 주체가 화답하듯 그에 대한 응답(리스폰스)을 이어가는 방식이다. 재즈뿐 아니라 블루스, 가스펠에도 뿌리 깊게 깔려 있는데, 재미있는 건 누군가 "어서 가세" 하고

단 즉흥연주를 넣기도 하고, 어떤 곡은 아예 헤드를 생략하고 곧바로 즉흥연주로 들어가기도 한다. 하지만 기본적인 틀은 여전히 살아 있다. 이 구조를 따르느냐 아니면 어디서 어떻게 비트느냐에 따라 '정통'과 '파격'이 나뉜다.

이를테면 마일스 데이비스의 〈Freddie Freeloader 프레디 프릴로더〉를 들어보자. 12마디 블루스 형식을 따르며 '헤드→솔로→헤드' 구조가 명확하게 들어맞는다. 연주는 단순하지만 리듬 섹션은 안정적이고 각 연주자는 정해진 길 위에서 자신만의 개성을 뿜어낸다. 정통 재즈의 전형적인 예다. 누가 들어도 "이게 바로 재즈지!" 하고 고개를 끄덕이게 만드는 곡이다.

반대로 찰스 밍거스*Charles Mingus*의 〈The Shoes of the Fisherman's Wife Are Some Jiveass Slippers 더 슈즈 오브 더 피셔먼스 와이프 아 섬 자이브애스 슬리퍼스〉는 전혀 다르다. 제목부터 이미 서사다. 여러 섹션이 복잡하게 얽혀 있고, 중간에 리듬도, 구조도, 분위기도 여러 번 바뀐다. 악보를 본다 해도 전체를 예측하기 어려울 정도다. 그럼에도 즉흥연주와 앙상블의 긴장감 있는 대화는 뚜렷이 살아 있다. 파격적이지만 여전히 재즈의 언어로 말하는 것이다.

이처럼 재즈의 '자유'는 아무렇게나 연주해도 된다는 뜻

부르면 옆에서 "어야디야" 하고 받는 우리 전통 노동요의 '선후창 방식'과도 유사하다는 것이다.

이 아니다. 그것은 연주자들이 공유하는 최소한의 규칙 안에서 순간순간 반응하며 만들어내는 자유다. 정해진 길이 있되, 그 위를 어떻게 걷느냐는 각자의 몫이다. 그러니 진짜 재즈는 '틀이 없는 음악'이 아니라 '틀을 가지고 노는 음악'에 가깝다.

여기까지 읽었다면 이제 여러분은 그저 귀에 재즈를 맡겨두던 시절로는 돌아갈 수 없다. 재즈를 들으면서 '음, 이건 정통적인 구성을 따르고 있군', '앗! 이 구성은 파격적인데! 독특한걸?' 하고 듣고 있을 테니! 음악 하나 듣는데 이렇게까지 해야 하냐는 생각이 든다면 책장을 덮어도 좋다. 하지만 계속 읽는다면? 여러분의 재즈 감상이 훨씬 더 즐거워질 거라는 걸 확신한다(설마 진짜 덮으실 건 아니죠?). 그러니 부디 Jazz It Up!

재즈 듣기 평가 ①

주제	재즈의 구성에 익숙해지기		
활동명	〈Autumn Leaves〉의 구성과 분석		
날짜		나의 점수는	★☆☆☆☆

※ '에디 히긴스 트리오'는 피아니스트 에디 히긴스가 이끄는 재즈 트리오입니다. 부드럽고 따뜻한 피아노 연주를 풍성하고 리드미컬하게 받쳐주는 베이스와 드럼이 특징입니다. 이들의 대표 앨범 가운데 하나인 《Bewitched》는 스탠더드 곡들과 함께 편안한 스윙 감각을 즐길 수 있어 재즈 입문자의 필수 청취 음반으로 꼽힌답니다.

이제 문제입니다. 이 앨범에 수록된 〈Autumn Leaves〉를 잘 듣고 아래 문제에 답해보세요.

 〈Autumn Leaves〉, 에디 히긴스 트리오 

00:00 - 00:37 헤드(협주)
〈Autumn Leaves〉는 총 몇 마디의 헤드로 이루어진 곡입니까?

이 곡에서 1 코러스는 몇 마디입니까?

00:37 - 02:28 솔로
어떤 악기의 솔로 연주이며 몇 코러스로 진행됩니까?

02:28 - 03:03 솔로
어떤 악기의 솔로 연주이며 몇 코러스로 진행됩니까?

03:03 - 03:37 트레이드
트레이드로 연주하는 악기 둘을 써 봅시다.

03:37 - 04:28 헤드(협주)
곡의 처음에 연주했던 헤드와의 차이점에 관해 생각해 봅시다.

♥수고하셨습니다♥
답안 및 해설은 아래!

00:00 - 00:37 헤드(협주)
〈Autumn Leaves〉은 16마디, 4 프레이즈로 이루어진 곡이다. 그러니까 이 곡의 '1 코러스'는 16마디가 된다. 악보가 없는데 몇 마디인지 어떻게 알 수 있냐고 질문할 수 있을 것 같은데, 비결이 있다. 베이스 소리에 귀를 기울이면 된다. '둥-둥-둥-둥'하고 4번 튕기는 길이가 1마디이다. 그 속도와 박자에 맞춰 발을 까딱이며 듣다 보면 몇 마디로 이뤄진 곡인지 알 수 있다.

00:37 - 02:28 피아노 솔로
에디 히긴스 트리오의 리더 에디 히긴스의 화려한 솔로가 시작된다. 리더이다 보니 이렇게 길게 연주해도 되나 보다. 무려 3 코러스 동안 진행되는 솔로이지만 그다지 길다는 느낌은 들지 않는다. 이렇게 빠르고 멜로디컬한 연주를 어떻게 즉흥적으로 연주할 수 있지? 들을 때마다 새삼 놀란답니다.

02:28 - 03:03 베이스 솔로

제이 레온하르트의 베이스 솔로 연주가 1 코러스 동안 진행된다. 녹음도 좋지만 베이스란 악기 자체가 레코딩과 라이브 간 차이가 워낙 커서 베이스 연주의 참맛을 느끼고 싶다면 꼭 실황 음악을 들어보는 걸 강추!

03:03 - 03:37 피아노&드럼 트레이드

피아노와 드럼이 1 플레이즈 씩 대화를 나누는 장면이다. 총 1코러스 반, 그러니까 24마디의 트레이드가 이어진다.

피아노(4마디) - 드럼(4마디) - 피아노(4마디) - 드럼(4마디) - 피아노(4마디) - 드럼(4마디)

이것이 끝나면 1 프레이즈의 피아노 연주가 더 이어지는데, 이때 이런 연주를 즉흥연주와 헤드 사이를 연결하는 역할을 한다고 해서 '브릿지(bridge)'라고 한다.

03:37 - 04:28 헤드(협주)

곡을 마무리하는 헤드이다. '착착착착'하는 심벌 소리 후에 헤드 연주로 들어가는 걸 보면 이 소리가 '이제 마무리하자고'라는 미리 약속된 신호라는 걸 알 수 있다. 앞의 헤드와 멜로디는 같지만 연주는 살짝 다른데, 이런 변주도 즉흥적인 호흡에 의존하는 경우가 많다고 한다. 역시 재즈는 즉흥!

재즈의 악기

'재즈' 하면 무슨 악기가 떠오르는지? 엄혹했던 군대 시절의 기상나팔이 떠오르는, 날카로운 음색의 트럼펫 아니면 스무스하게 음을 타고 넘는 색소폰? 누군가는 그 크기만큼이나 묵직한 음을 내뿜는 더블베이스를 떠올릴 수도 있겠다. 물론 피아노나 드럼 세트도.

이번 장에서는 재즈에서 주로 쓰이는 악기와 캄보의 구성에 대해 알아본 후, 각 악기 소리에 익숙해지는 시간을 가져볼 것이다. 음악을 들을 수 있는 장치를 미리 준비하면 좋겠다. 성능 좋은 스피커도 좋고 보급형 이어폰도 당연히 환영이다.

일단 재즈에 주로 쓰이는 악기부터 알아보자. 악기 설명과 함께 재즈 아는 척할 때 소환할 만한 대표 뮤지션과 추천곡을 덧붙여놨으니 익혀두고 허세 부려보시길. 참, 뮤지션을 소개하면서 불가피하게 비밥이니 하드밥이니 하는 용어를 썼는데 뒤에서 설명할 터이니, 여기서는 그러려니 하고 넘겨주십시오. 물론 책장을 뒤로 넘겨 살펴봐도 좋습니다. 예습은 언제든 환영!

트럼펫 Trumpet

〈So What〉, 마일스 데이비스

고독한 트럼펫의 정수를 듣고 싶다면 이 곡으로 시작하면 된다. 아무튼 최고다.

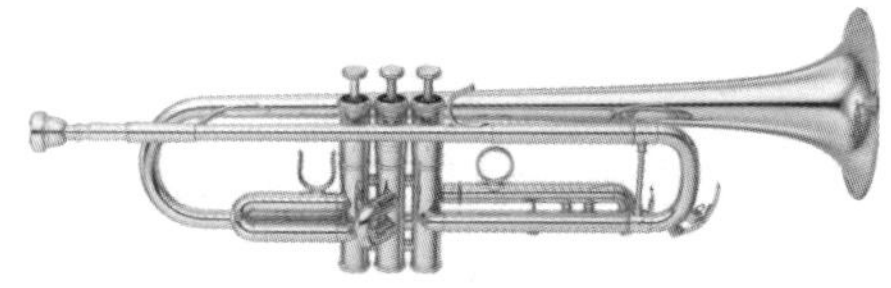

작고 반짝이는 금관악기. 끝이 나팔꽃처럼 벌어져 있고 세 개의 피스톤으로 음을 바꾼다. 입술을 떨며 불어야 소리가 난다. 처음 시도하면 바람 빠지는 소리밖에 안 나지만 익숙해지면 강렬한 소리를 만들어낼 수 있다.

소리는 명확하고 직선적이다. 고음에선 매섭게 울리고 중저음에선 의외로 따뜻하게도 들릴 때도 있다. 색다른 음색을 내기 위해서 '뮤트Mute(악기의 음량을 줄이거나 음색을 바꾸기 위해 고안한 장치)'를 끼워 연주하기도 한다. 기상나팔로 쓰이는 시끄러운 악기라는 생각은 아마 마일스 데이비스의 연주를 듣고 나면 사라질 듯. 속삭이는 듯한 부드러운 트럼펫 음색에 레드 와인의 코르크 마개를 열고 있는 자신을 발견할지도 모른다.

마일스 데이비스

재즈의 흐름을 여러 번 바꾼 전설적인 연주자. 조용히 속삭이듯 연주하는 스타일이 특징이다. 음 사이사이의 침묵까지 음악으로 만든다.

추천곡 〈So What〉, 〈Freddie Freeloader〉

루이 암스트롱

초기 재즈를 전 세계에 알린 인물. 힘차고 밝은 트럼펫 소리, 특유의 스윙감 그리고 웃음소리 같은 보컬이 매력이다. 듣고 있으면 절로 어깨가 들썩인다.

추천곡 〈West End Blues〉, 〈When You're Smiling〉

디지 길레스피

비밥 혁신의 선두 주자. 빠른 템포와 복잡한 화성에서 유연하게 솔로를 펼치며 즉흥연주의 한계를 확장했다. 특유의 풍선처럼 부풀린 볼과 휘어진 트럼펫 관은 그의 트레이트마크.

추천곡 〈A Night in Tunisia〉, 〈Salt Peanuts〉, 〈Manteca〉

클리포드 브라운

짧은 생애에도 깊은 인상을 남긴 연주자. 맑고 고른 음색과 부드러운 흐름이 특징이다. 화려하기보다 따뜻한 소리를 좋아한다면 추천.

추천곡 〈Joy Spring〉, 〈Daahoud〉

프레디 허버드

하드밥 후기에 등장해 포스트밥, 퓨전 시대까지 활약한 트럼펫 거장. 폭발적인 고음과 대담한 솔로 전개가 특징이며 강렬한 리듬감을 유지한다. 기술과 에너지가 모두 살아 있는 그의 연주는 현대 재즈 트럼펫 스타일의 표본이 되었다.

추천곡 〈Red Clay〉, 〈Little Sunflower〉, 〈First Light〉

리 모건

하드밥을 대표하는 트럼펫 연주자로 한국 재즈 팬 사이에서 '이목원'이라는 별명으로 불린다. 18세에 디지 길레스피 밴드에 들어가 데뷔했고 이후 '아트 블레이키의 재즈 메신저스'에서 활약하며 이름을 알렸다. 강렬하면서도 블루스 감성이 묻어나는 연주가 매력이다.

추천곡 〈The Sidewinder〉, 〈Ceora〉, 〈Cornbread〉

색소폰 Saxophone

재즈를 대표하는 악기 중 하나다. 금속으로 만들어졌지만 마우스피스에 끼운 얇은 리드가 진동해 소리를 내기 때문에 금관이 아닌 목관악기로 분류된다. 몸통은 부드럽게 휘어 있고 손가락으로 누르는 키가 빼곡하게 붙어 있다.

연주 방법은 단순하다. 리드가 달린 마우스피스를 입에 물고 바람을 불면 리드가 떨리며 소리가 난다. 하지만 소리의 질감은 단순하지 않다. 음과 음 사이를 부드럽고 유연하게 이어간다. 알토 색소폰은 밝고 경쾌하고 테너 색소폰은 중저음이 깊고 여유로운 맛이 있다. 바리톤 색소폰은 더 낮은 음역으로 묵직하게 울린다.

재즈에서 색소폰은 멜로디를 이끌거나 즉흥연주의 중심에 서는 경우가 많다. 솔로 파트에서는 감정을 담아내고 앙상블에서는 전체의 흐름을 부드럽게 연결한다. 특히 테너 색소폰은 새벽 공기 같은 차분함과 여운을 전하는 데 강하다.

색소폰은 연주자의 개성이 가장 강하게 드러나는 악기다. 같은 곡을 연주해도 음색, 호흡, 프레이징이 제각각이다. 그래서 한 소절만 들어도 누가 연주하는지 알아차릴 수 있는 경우가 많다. 재즈에서 '목소리'라는 비유가 가장 잘 어울리는 악기라고 할 수 있을 것이다.

찰리 파커

비밥 시대의 아이콘. 빠른 속도의 복잡한 멜로디를 자유롭게 연주했다. 별명은 '버드(Bird)'. 닭요리를 좋아해서 붙은 별명이라는 말도 있고 그의 연주가 날아다니듯 가볍고 날카롭기 때문이라는 말도 있는데, 아무래도 후자가 더 멋지다.

추천곡 〈Ornithology〉, 〈Ko-Ko〉

소니 롤린스

즉흥연주의 달인. 힘 있는 사운드와 유쾌한 멜로디로 청중을 사로잡는다. 버스킹처럼 자유로운 무대 매너로도 유명하다.

추천곡 〈St. Thomas〉, 〈Tenor Madness〉

스탄 게츠

부드럽고 따뜻한 톤의 색소폰 연주자. 보사노바와 재즈를 결합해 세계적인 인기를 얻었다. 그의 부드러운 연주를 듣노라면 바닷바람이 스치는 듯한 기분이 든다.

 〈The Girl from Ipanema〉, 〈Desafinado〉, 〈Corcovado〉

존 콜트레인

깊고 강렬한 소리로 곡의 분위기를 압도하는 테너 색소폰 거장. 빠른 연주에서는 흐름이 깨지지 않고, 느린 발라드에서는 긴 호흡이 매력이다.

 〈Giant Steps〉, 〈My Favorite Things〉, 〈Naima〉, 〈Blue Train〉

웨인 쇼터

부드럽지만 확실한 개성을 가진 연주자. 밴드 사운드를 바꾸는 멜로디와 독창적인 작곡이 강점이다. '마일스 데이비스 퀸텟'과 '웨더 리포트'에서 모두 큰 업적을 남겼다.

 〈Footprints〉, 〈Infant Eyes〉, 〈Speak No Evil〉

트롬본 Trombone

 〈Lament〉, 제이 제이 존슨
재즈 트롬본의 근본을 듣고 싶다면 제이 제이 존슨이 답이다. 

피스톤을 쓰는 다른 금관악기와는 달리 트롬본은 슬라이드를 앞뒤로 움직이며 음정을 바꾼다. 단순한 움직임으로 곡

을 섬세하게 묘사할 수 있는 악기다. 부드럽고 둥근 음색으로 음과 음 사이를 미끄러지듯 오가

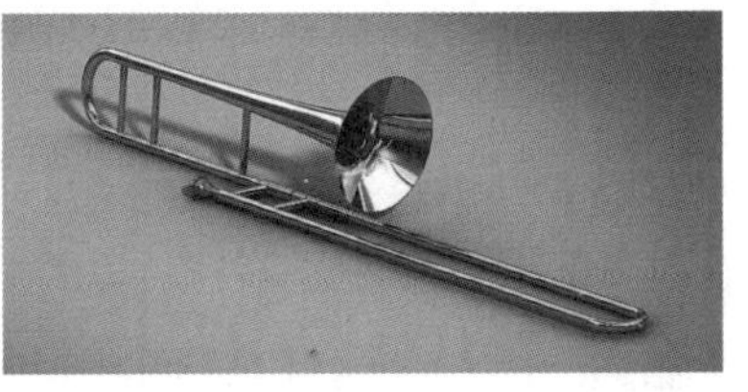

며 여유 있는 울림을 만든다. 강하게 불면 힘찬 소리가 나고 부드럽게 불면 사람 목소리처럼 들리기도 한다.

재즈에서 트롬본은 화성의 중간을 채우거나 멜로디에 유머를 더하는 역할을 한다. 장난기 있는 곡에도 잘 어울리지만 진지한 발라드에서도 깊은 감정을 표현할 수 있다.

연주자마다 슬라이드를 다루는 방식이 다르다. 어떤 이는 부드럽게 이어주고 또 어떤 이는 과감하게 꺾는데 그 작은 차이로 곡의 분위기가 크게 달라지기도 한다.

제이 제이 존슨

트롬본을 비밥 언어로 연주한 첫 세대의 대표주자. 부드럽고 정교한 프레이징으로 트롬본도 빠른 템포와 복잡한 곡을 소화할 수 있다는 걸 증명했다. 클래식 품격과 재즈의 자유로움을 동시에 지닌 스타일이다.

추천곡 〈Lament〉, 〈It's All Right With Me〉, 〈Blue Trombone〉

커티스 풀러

하드밥 시대를 대표하는 트롬보니스트. '아트 블레이키 앤

드 재즈 메신저스'에서 활동하며 힘 있고 명확한 사운드로 팀의 에너지를 높였다. 존 콜트레인*John Coltrane*의 명반《Blue Train 블루 트레인》에 참여해 따뜻하면서도 힘 있는 소리를 남겼다.

추천곡 〈Five Spot After Dark〉, 〈Undecided〉, 〈Blues-ette〉

슬라이드 햄프턴

연주뿐 아니라 작곡과 편곡에서도 빛난 트롬본 명인. 풍부한 음색과 세련된 솔로 라인이 특징이다. 빅밴드와 소규모 캄보를 오가며 트롬본 사운드의 가능성을 크게 넓혔다.

추천곡 〈Frame for the Blues〉, 〈Spanish Flier〉, 〈Slide Slid〉

잭 티가든

초기 스윙 재즈의 대표 트롬본 연주자. 블루스 감성과 부드러운 사운드가 매력이며 따뜻한 목소리의 보컬리스트로도 사랑받았다. 루이 암스트롱*Louis Armstrong*과의 오랜 협연으로 유명하다.

추천곡 〈Basin Street Blues〉, 〈Stars Fell on Alabama〉, 〈I Gotta Right to Sing the Blues〉

트롬본 쇼티

뉴올리언스 출신의 현대 재즈·펑크*Funk*·힙합*Hiphop* 등 장르 크로스오버 뮤지션. 무대 위에서 춤추는 듯한 자유로운 연

주와 폭발적인 에너지가 일품이다. 트롬본뿐 아니라 트럼펫
과 보컬도 소화한다.

 **추천곡** 〈Hurricane Season〉, 〈Backatown〉, 〈Fire and Brimstone〉

피아노 Piano

〈Waltz for Debby〉, 빌 에반스

왜 그가 재즈계의 쇼팽이라 불리는지 알 수 있다.

흑백 건반이 나란히 늘어서 있고 내부에서는 작은 망치들
이 줄을 때려 소리를 낸다. 겉모습은 단정하지만 건반을 누르
는 순간부터 내부에서는 복잡한 기계 작동이 시작된다. 손끝
의 힘과 속도, 터치에 따라 전혀 다른 소리가 나온다.

피아노와 드럼 세트, 더블베이스를 묶어 '리듬 섹션*Rhythm
Section*'이라고 부른다. 그중 피아노는 캄보의 리듬을 책임지
는 리듬 섹션의 선봉장이다. 그러나 그 역할은 화성 반주에서
그치지 않고, 멜로디를 주도하기도 하고 리듬과 코드를 동시
에 만들어내기도 한다. 화성과 멜로디, 리듬의 경계를 자유롭
게 넘나들 수 있다.

연주자마다 터치와 해석이 달라 같은 곡이라도 전혀 다른
분위기가 만들어진다. 빌 에반스처럼 부드럽게 속삭이듯 연

주하는 스타일, 오스카 피터슨Oscar Peterson처럼 힘 있게 몰아
치는 스타일도 있으니 뷔페에 들른 기분으로 여러 뮤지션의
곡을 골라 들어보자.

빌 에반스

부드러운 터치와 서정적인 화성으로 유명하다. 비 오는 날
의 창가를 바라보는 듯한 음악을 만든다. 마일스 데이비스의
《Kind of Blue 카인드 오브 블루》에서도 그의 섬세한 연주를 들
을 수 있다.

추천곡 〈Waltz for Debby〉, 〈Peace Piece〉, 〈Blue in Green〉

델로니어스 몽크

건반을 치는 방식부터 남다르다. 엉뚱한 듯 들리지만 의도
적인 건반 터치와 독특한 리듬감이 매력이다. 한 번 들으면 '이
건 몽크다' 하고 바로 알 수 있다.

추천곡 〈Round Midnight〉, 〈Blue Monk〉, 〈Straight, No Chaser〉

허비 행콕

재즈, 펑크, 전자 음악까지 넘나드는 모험가. 귀에 쏙 들어
오는 멜로디와 세련된 리듬으로 재즈에 낯선 이들도 친숙하
게 만든다.

추천곡 〈Cantaloupe Island〉, 〈Chameleon〉, 〈Watermelon Man〉

‘피아노의 마법사’로 불릴 정도의 엄청난 테크니션. 빠른 연주에도 정확함과 스윙감을 잃지 않는다. 때문에 그의 연주를 듣고 있으면 발끝이 절로 움직인다.

 추천곡 〈Night Train〉, 〈Hymn to Freedom〉, 〈C Jam Blues〉

드럼 세트 Drum Set

〈The Drum Thunder Suite〉, 아트 블레이키

제목부터 무려 ‘번개 드럼’ 모음곡! 격정적인 드럼이 마치 이렇게 말하는 듯하다. “나를 따르라!”

스네어, 베이스드럼, 탐탐, 하이햇, 심벌 등을 한데 모아 놓은 악기를 말한다. 스틱으로 두드리고 발 페달을 밟으며 전신을 써서 연주한다. 앉아 있지만 실제로 온몸을 끊임없이 움직인다.

재즈에서의 드럼은 박자를 맞추는 역할만 하지 않는다. 스네어의 날카로운 타격, 베이스드럼의 묵직한 울림, 스네어와 탐탐이 함께 만들어내는 밀고 당기는 리듬감, 심벌즈의 잔향까지 곡의 표정을 만드는 데 일조한다. 곡에 따라 드럼은 뒤에서 받쳐주기도 하고, 앞으로 나서서 분위기를 이끌기도 한다. 때로는 몇 박을 비워서 여백을 만들고 때로는 연속적인 타

격으로 긴장감을 높인다.

연주자의 성향에 따라 스타일 차이도 커서 리듬을 정밀하게 쪼개는 연주자가 있는가 하면 여유를 두는 호흡을 중시하는 연주자도 있다. 그래서 예리한 사람은 드럼 소리만 들어도 연주자의 성격이 느껴진다고 하는데…. (믿거나 말거나)

아트 블레이키

힘 있는 스네어와 다이내믹한 연주로 하드밥 사운드를 완성한 인물. 자신의 밴드에서 수많은 젊은 연주자를 키워냈다. 밴드를 끌고 나가는 강렬한 연주를 체감할 수 있다.

추천곡 〈Moanin'〉, 〈A Night in Tunisia〉, 〈Blues March〉

맥스 로치

비밥 시대의 대표 드러머로 드럼을 멜로디를 만드는 악기로 끌어올렸다. 그는 명확한 리듬감과 음악적인 대화가 살아 있는 연주를 했고, 사회적 메시지가 담긴 앨범 작업도 많이 남겼다.

추천곡 〈Driva'man〉, 〈Lonesome Lover〉, 〈Freedom Day〉

토니 윌리엄스

17세에 '마일스 데이비스 퀸텟'에 들어간 천재 드러머. 빠르고 과감한 연주로 현대 재즈 드럼 스타일을 만들었다. 복잡한 리듬 속에서도 밴드 전체의 긴장을 유지시키는 힘이 있

다. 솔로에서는 폭발적인 에너지를, 반주에서는 섬세한 호흡
을 보여준다.

 〈Seven Steps to Heaven〉, 〈Fred〉, 〈Emergency〉

버디 리치

'세계에서 가장 빠른 손'을 가진 드러머로 불린 인물. 눈 깜
짝할 사이에 몰아치는 롤*Roll*(스틱을 빠르게 계속해서 튕겨서 소리
를 길게 이어지게 만드는 기술)과 폭발적인 드럼 솔로로 유명하
다. 압도적인 에너지를 보여주는 그의 연주를 듣다 보면 "사
람이 이렇게 치는 게 가능해?"라는 말이 절로 나온다.

 〈West Side Story Medley〉, 〈Bugle Call Rag〉, 〈Channel One Suite〉

더블베이스 Double Bass

 〈You'd be so nice to come home to〉, 폴 체임버스
주인공으로서의 더블베이스는 어떤지 바로 느껴보시죠. 

사람 키보다 크고, 나무 울림통과 굵은 줄 네 개로 구성
된 현악기다. 콘트라베이스, 업라이트베이스 등으로 불리기
도 한다. 전통 재즈에서 정확한 명칭보다는 그저 '베이스'라
고 칭하는 경우가 더 많다.

클래식에서는 주로 활로 켜는 '아르코*Arco*' 기법을 쓰지만

재즈에서는 대부분 손가락으로 줄을 뜯어 연주하는 '피치카토*Pizzicato*' 기법을 쓴다.

무대의 보이지 않는 곳에서 음악의 방향을 조용히 이끄는 악기로 곡의 뿌리를 담당한다. 한 음씩 걸어가듯 연주하며 곡 전체를 붙잡는다. 따라서 이 악기가 흔들리면 음악 전체가 무너진다. 주로 베이스라인으로 그루브를 만드는 역할을 하기에 다른 악기보다 솔로로 연주되는 기회는 적지만 그 묵직한 음색에 맛 들이면 헤어 나올 수가 없다.

찰스 밍거스

작곡가이자 베이시스트로, 음악에 강한 개성과 사회적 메시지를 담았다. 힘 있는 저음과 자유로운 즉흥연주가 특징이며 밴드를 지휘하듯 베이스를 연주한다.

추천곡 〈Goodbye Pork Pie Hat〉, 〈Haitian Fight Song〉, 〈Fables of Faubus〉

폴 체임버스

'마일스 데이비스 퀸텟'과 함께 활동하며 멜로디를 노래하듯 연주하는 베이스 스타일을 확립했다. 아르코 연주 솔로가 특히 유명하다.

 〈So What〉, 〈Whims of Chambers〉, 〈Yesterdays〉

론 카터

녹음 횟수가 세계에서 가장 많은 베이시스트로, 2,000장 이상의 앨범에 참여했다. 안정적인 리듬과 세련된 화성 감각으로 어떤 음악에도 자연스럽게 녹아든다. 1960~1970년대 '마일스 데이비스 퀸텟'의 핵심 멤버였으며 솔로와 앙상블 모두에서 높은 완성도를 보여준다.

 〈You and the Night and the Music〉, 〈Eighty One〉, 〈Stardust〉

데이브 홀랜드

프리 재즈, 포스트밥, 모던 재즈를 넘나드는 베이시스트. 깊이 있는 톤과 복잡한 리듬으로 다양한 앙상블을 이끌었다. 마일스 데이비스 밴드에서 활동하며 이름을 알렸고, 이후 자신만의 그룹을 운영하며 실험적인 사운드를 선보였다.

 〈Conference of the Birds〉, 〈Prime Directive〉, 〈Pass It On〉

레이 브라운

탄탄한 리듬감과 부드러운 톤으로 스윙 재즈 베이스의 기초를 만든 인물. '오스카 피터슨 트리오'에서 활동하며 엘라 피츠제럴드의 남편이자 든든한 음악 파트너로도 유명하다.

무대를 안정적으로 받쳐주면서 솔로에서는 놀라운 그루브를 보여준다.

추천곡 〈Night Train〉, 〈Bags' Groove〉, 〈Fly Me to the Moon〉

재즈에 사용되는 그 밖의 악기

태생부터 재즈는 열린 음악이었다. 20세기 초 뉴올리언스에서 시작해 미국 전역을 거쳐 세계로 퍼지는 과정에서 다양한 문화와 소리를 흡수했다. 그 과정에서 서양의 전형적인 밴드 악기만이 아니라 각 지역의 전통 악기도 자연스럽게 재즈의 일부가 됐다. 처음에는 이국적인 색채를 더하기 위한 장치였지만 시간이 지나면서 이 악기들은 재즈 안에서 자리를 잡고, 톡톡한 역할을 해냈다.

아프리카 전통 악기는 재즈의 뿌리와 직접 연결된다. 재즈의 리듬 구조에는 아프리카계 음악의 당김음과 다층적인 박자가 깊게 스며있기 때문이다. '젬베*Djembe*'는 손으로 치는 북으로, 강한 어택과 다양한 톤 변화를 만들어낸다. '칼림바*Kalimba*'는 금속 건반을 손가락으로 튕기는 악기인데, 은은하고 투명한 울림이 특징이다. '토킹 드럼*Talking Drum*'은 연주자가 끈을 조여 음정을 바꿀 수 있어 '말하는 북'이라는 이름이 붙었다. 이 악기들은 아프로비트*Afrobeats*, 월드 재즈, 현대 재즈 프로젝트 등에서 흔히 사용되며 리듬뿐 아니라 멜로디 악기로도 쓰인다.

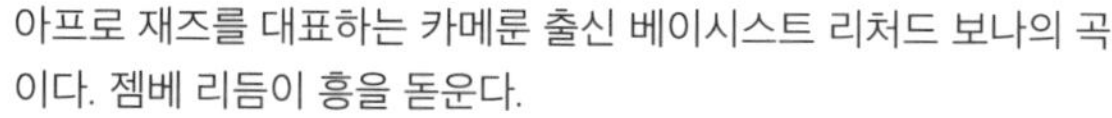

〈Kalabancoro〉, 리처드 보나

아프로 재즈를 대표하는 카메룬 출신 베이시스트 리처드 보나의 곡이다. 젬베 리듬이 흥을 돋운다.

중남미 악기 역시 재즈에 깊이 들어와 있다. 쿠바의 '콩가Conga'와 '봉고Bongo'는 라틴 재즈의 필수 요소다. 기다란 통 모양의 드럼인 콩가는 깊고 단단한 울림을, 콩가보다는 짧은 통 모양의 드럼 봉고는 빠르고 경쾌한 리듬을 만든다. 얇은 금속으로 만들어져 짧고 날카로운 타격음을 만들어내는 '팀발레스Timbales', 카리브해 지역의 '스틸드럼Steel Drum'은 금속 드럼을 두드려 나오는 맑고도 독특한 음색으로 재즈의 멜로디 흐름을 이국적으로 물들인다. 이런 악기들은 디지 길레스피의 쿠반 비밥 프로젝트나 티토 푸엔테Tito Puente의 라틴 재즈 공연에서 핵심적인 역할을 했다.

〈Oye Como Va〉, 티토 푸엔테

맘보 킹, 라틴 재즈의 왕이라 불리는 팀발레스 연주자 티토 푸엔테의 흥겨운 라틴 재즈곡. 정통 미국 재즈와는 달리 들썩이는 맛이 있다.

아시아 전통 악기와 재즈의 만남도 활발해지고 있다. 두 줄을 활로 켜는 현악기로 섬세한 울림을 가지는 우리나라 전통 악기 '해금'과 열두 줄의 현을 손가락으로 뜯어 연주하며 맑고 단정한 음색이 특징인 '가야금'. 청아하고 영적인 음색을 자랑하는 중국의 '고쟁'. 세 줄로 된 장구 모양의 현악기로 속주는 물론 타악기처럼 두드리는 연주를 통해 독특한 장단을 만들어낼 수 있는 일본의 '샤미센'. 이런 악기들은 전통 음악 전공자와 재즈 연주자가 함께하는 크로스오버 프로젝트에서 자주 등장한다. 한 데 붙여 넣은 퓨전이 아니라 새로운 작법과 다양한 즉흥연주의 가능성을 보여줬다.

 ⟨Rain, Grey⟩, 신박서클 
가야금과 색소폰이 어우러진 선율. 생소하지만 아름답다.

세계 여러 전통 악기가 재즈에 편입되는 과정에는 몇 가지 공통점이 있다. 첫째, 독특한 음색이 곡 전체의 분위기를 새롭게 만든다. 둘째, 리듬 구조나 연주 기법이 서양 악기와 달라 새로운 그루브를 만든다. 셋째, 연주자의 해석에 따라 전통악기가 원래 재즈에 사용된 악기처럼 자연스럽게 녹아들게 한다. 해금이 색소폰 라인을 대신하거나 스틸드럼이 피아노와 멜로디를 주고받는 장면은 더 이상 낯설지 않다.

재즈는 닫힌 장르가 아니다. 새로운 악기와 소리를 계속 받아들이면서 장르를 확장한다. 전통 악기와 재즈의 만남은 단순히 색채를 더하는 차원을 넘어 재즈라는 음악이 끊임없이 변하는 생명체라는 사실을 보여준다. 무대 위에서 해금이 트럼펫 옆에 서고 콩가가 드럼과 대화를 나누는 모습은 재즈가 국적과 시대를 초월한 음악의 공용어임을 보여주는 장면이기도 하다. 연주하는 악기마저도 메가톤급 포용력을 보여주는 재즈, 너란 음악은 정말이지….

재즈 캄보의 구성

재즈를 연주하는 소규모 악단, 캄보가 어떻게 구성되는지를 알면 악기 소리에 익숙해지는 데 도움이 된다. 여기에서 잡지식 한 개. 넷플릭스 시리즈 〈오징어 게임〉에서 나온, 친한 친구 혹은 단짝을 의미하는 '깐부(깜부)'가 이 '캄보'에서 왔다는 설(!)이 있다. 친구나 악단이나 서로 끈끈하게 연결되어 있어야 한다는 걸 고려하면 사실 여부와 관계없이 꽤 설득력 있다는 생각이 든다.

트리오 Trio (3중주)

'리듬 섹션'이라고도 일컫는 드럼, 베이스, 피아노로만 이루어진 밴드를 뜻한다. 여기에 멜로디를 담당하는 악기가 들어오면 4중주, 5중주 등으로 확장된다. 다시 말하면 트리오는 리듬 섹션으로만 이루어진 캄보 구성으로 멜로디는 멜로디와 리듬을 동시에 책임질 수 있는 만능 악기, 피아노가 담당하게 된다.

쿼텟 Quartet (4중주)

리듬 섹션, 세 악기로 구성된 트리오에서 멜로디를 담당하는 악기 한 대가 추가되면 쿼텟이 된다. 모던 재즈에서 멜로디는 주로 트럼펫, 색소폰 등의 관악기가 담당했지만 요즘에는 바이올린이나 기타 같은 현악기도 활발하게 활용된다.

퀸텟 Quintet (5중주)

쿼텟에서 한 대의 멜로디 악기가 추가된 구성이 퀸텟이다. 리듬 섹션과 트럼펫, 색소폰이 조합이 가장 흔한 구성이지만 트럼펫 대신 두 종류의 색소폰(주로 알토 색소폰과 테너 색소폰)으로 구성되거나 색소폰 대신 트롬본으로 구성된 밴드도 흔하다.

섹스텟 Sextet (6중주)

리듬 섹션에 멜로디 악기 세 대가 더해지는 섹스텟. 트롬본, 색소폰, 트럼펫 등 관악기가 총출동하는 구성이 흔하지만 전자기타나 비브라폰• 등이 함께 하기도 한다.

• 금속 건반을 작은 채(말렛)로 두드려 연주하는 맑은 음색의 악기. 건반 아래에는 긴 금속 관이 달려 있어 소리를 울려주고 그 안의 작은 원판이 모터로 돌면서 부드러운 떨림(비브라토)을 더한다.

이건 어디까지나 흔하게 볼 수 있는 유형이다. 실제로는 피아노를 없앤다거나 드럼 세트를 없애는 파격적인 구성도 (드물지만) 당연히 존재한다. 모든 예술에는 도전하는 예술가가 나타나는 법이니까.

⟨All the Things You Are⟩, 게리 멀리건

바리톤 색소폰과 알토 색소폰, 드럼 세트, 베이스는 있지만 피아노는 없는 쿼텟.

유난히 재즈에서 많이 보이는 악기

재즈에서 사용되는 악기들을 살펴보면 관악기가 많이 보일 텐데, 여기에는 이유가 있다. 재즈는 20세기 초 뉴올리언스의 거리 퍼레이드와 군악대 문화 속에서 태어났다. 당시 연주자들은 행진하며 소리를 내야 했기 때문에 휴대가 편하고 멀리까지 울려 퍼지는 트럼펫, 트롬본, 클라리넷, 색소폰 같은 관악기가 중심이 될 수밖에 없었다. 이 악기들은 음이 크고 개성이 뚜렷해 밴드의 앞줄에서 자연스럽게 주도권을 쥐었다. 무엇보다 즉흥연주에서 한 호흡만으로 분위기를 바꾸거나 단 한 음으로도 곡의 흐름을 뒤집을 수 있다는 점이 재즈의 자유로움과 잘 맞았다.

1920~1930년대 스윙 빅밴드 시대에 들어서면서 관악기는

더 화려해졌다. 트럼펫 섹션, 트롬본 섹션, 색소폰 섹션이 화성과 멜로디, 리듬을 나누어 가져가면서 큰 공연장에서 수백 명의 관객에게 소리를 전달했다. 당시의 재즈는 춤과 함께 소비됐기 때문에 뚜렷하고 강한 관악기 소리가 무대를 장악하는 건 어쩌면 자연스러운 일이었는지도.

타악기 역시 재즈에서 빠질 수 없는 주역이다. 재즈가 세상에 나온 초창기 시절에는 스네어와 베이스드럼, 심벌이 분리되어 있었지만 시간이 지나면서 이 모든 악기를 한 명이 연주할 수 있도록 모은 '드럼 세트'로 발전했다. 드럼은 밴드 전체의 호흡을 조율하고 긴장과 이완을 만들어내는 지휘자 역할도 한다. 재즈의 리듬에는 아프리카계 음악 전통에서 온 다층적인 박자와 당김음이 깊게 스며 있는데 이를 구현하고 변형하는데 드럼만 한 악기가 없다.

현대 재즈 무대에서도 관악기와 타악기는 여전히 중심에 있다. 마이크와 스피커가 발달한 지금도 그 즉각적인 반응성과 물리적인 울림은 대체하기 어렵다. 재즈 클럽에서든, 대형 페스티벌 무대에서든 관악기의 한 음과 드럼의 한 타격이 공연의 공기를 단숨에 바꿔버리는 광경을 쉽게 볼 수 있다. 재즈에서 관악기와 타악기는 가장 자주 그리고 가장 확실하게 관객의 귀를 사로잡는다.

재즈 캄보의 무대 배치는 대개 이렇다. 맨 뒤에는 드럼 세트가 자리한다. 큰 음량이 여러 방향으로 퍼지기 때문에 뒤쪽에서 전체를 조율하는 게 유리하다. 드럼 옆이나 바로 앞에는 더블베이스가 선다. 밴드의 기초는 더블베이스와 드럼의 호흡이 만드는 베이스라인과 비트로 다져지는 법이라 둘의 위치는 가까워야 한다.

앞줄에는 주로 관악기와 피아노가 놓인다. 트럼펫, 트롬본, 색소폰 같은 관악기는 멜로디와 즉흥연주를 맡기 때문에 관객과 가깝게 서는 경우가 많다. 재즈 보컬이 무대 중앙에 서는 것과 같은 이치다. 피아노는 악기의 크기와 구조상 옆으로 길게 놓이며, 보통 무대 한편에 위치한다. 영화 〈라라랜드〉에서 라이언 고슬링이 피아노를 연주하던 장면처럼 피아노가 무대 중심에 오고 관악기와 드럼이 그 주변을 감싸는 경우도 있는데, 그때에도 다른 연주자를 볼 수 있도록 피아노 건반 옆면을 객석 쪽이 아닌 밴드 쪽으로 향하게 두는 경우가 많다. 그만큼 재즈는 연주자들과의 호흡이 중요한 음악이다.

물론 이런 무대 배치는 공연장 형태나 연주자의 취향에 따라 달라진다. 작은 클럽에서는 관악기와 드럼이 서로 가까이 서서 시선을 주고받기도 하고, 대형 무대에서는 관악기 섹션이 한 줄로 늘어서기도 한다.

악기에 익숙해지기

악기의 소리를 잘 분별해 들을 수 있다면 재즈를 제대로 즐겁게 감상할 수 있다. 그런데 그렇게 되기가 결코 쉽지 않다. 우리가 재즈에서 주로 쓰이는 악기에 익숙하지 않은 시대에 살고 있기 때문이다. 특히 색소폰이나 트럼펫 혹은 트롬본과 같이 재즈에는 활발하게 쓰이나 요즘 대중음악에서는 거의 쓰이지 않는 관악기 간의 차이는 구분하기 어려운 게 사실이다.

재즈 클럽에서 라이브 연주를 듣거나 유튜브로 연주를 감상한다면 굳이 노력하지 않아도 자연스럽게 구분이 될 것이다. 어떤 악기 연주자가 연주하는지 눈으로 확인할 수 있으니까. 하지만 음악 감상이라는 게 대개는 청각에만 의존하는 행위인지라 '보는 것'이 아닌 '듣는 것'만으로 악기 소리를 분별하기 위해서는 인위적인 노력이 다소 필요하다.

다행스럽게도(?) 악기 소리 분별을 위한 해결책은 매우 단순하다. 한 곡을 반복해서 들으면 된다. 단, 이건 단순한 감상이 아니므로 살짝 공부한다는 마음으로 접근할 필요는 있다. '재즈는 알고 싶지만 공부는 부담스러워' 하는 생각이 든다면…? 아, 웬만하면 다음 장으로 넘어가라고 하겠는데 이건 양보하기 힘드니, 한 번만 속는 셈 치고 따라와 주시길. 감상 디테일의 차이를 경험해 보세요!

지금 소개하는 곡은 트롬보니스트 커티스 풀러*Curtis Fuller*의 섹스텟의 〈When Lights Are Low 웬 라이츠 아 월 로우〉이다. 악기의 소리가 비교적 또렷하게 들리는 곡을 선정했다.

〈When Lights Are Low〉, 커티스 풀러 섹스텟

트롬본: 커티스 풀러 / 테너 색소폰: 행크 모블리 / 트럼펫: 리 모건 / 피아노: 톰 플래너건 / 드럼 세트: 엘빈 존스 / 더블베이스: 폴 체임버스

이 곡을 다음 순서에 맞춰 네 번 정도는 들어볼 것을 권한다.

1. 드럼 세트를 제외한 각 악기의 음에 귀를 기울여 듣는다.

2. 솔로 연주자의 즉흥연주에 주목하여 듣는다.

3. 솔로 연주자의 연주는 흘려듣고 드럼, 베이스, 피아노만 집중한다.

4. 피아노와 즉흥 연주자 사이 상호작용을 집중해서 듣는다.

자, 이제 이어폰을 꽂고 플레이 버튼을 눌러 각 파트가 어떤 악기의 솔로 연주인지를 가늠해 보자.

앞에서 공부했던 대로 '헤드→즉흥→헤드'이다. 1분 22초까지 헤드가 이어지다가 즉흥연주를 하는 솔로 악기는? 분명 관악기이다. 엇, 2분 16초부터 다른 관악기가 배턴을 이어받는다. 첫 번째 솔로 악기보다 이야기하듯 연주하는 느낌이 든다. 곡이 3분 10초가 지나가자, 이전과는 음색이 또 다른 관악기가 나왔다. 이번 솔로 악기는 무엇일까?

4분이 넘어서자 여러분이 가장 잘 구분할 수 있는 악기가 나왔다. 건반악기의 솔로가 끝나는 5분째에는 두둥두둥 묵직한 음색의 악기가 연주를 시작한다. 3대의 관악기와 리듬 섹션 중 건반과 베이스라인을 담당하는 악기의 즉흥연주가 차례로 끝나니 플레이 버튼을 누른 지도 6분째에 들어섰다. 이제 각 악기가 다 같이 헤드를 연주하며 마무리로 돌입한다.

자, 어떤가? 할 만 하다고? 그렇다면 정답 공개! 다 같이 연주하는 처음과 마지막의 헤드 연주를 제외하고 즉흥연주를 펼치는 솔로 악기는 다음과 같다.

01:22~02:16 트롬본, 02:17~03:13 색소폰, 03:14~04:05 트럼펫, 04:06~04:59 피아노, 05:00~05:52 베이스.

혹시 틀렸더라도 좌절 금지. 부단히 듣다 보면 이 정도 진도는 금방 따라잡을 수 있다. 이제 조금 난도를 높여 알토 색소폰과 테너 색소폰의 차이를 경험해 보자.

 〈Grand Central〉, 캐넌볼 애덜리 퀸텟 

헤드셋이나 이어폰으로 들어보면 주로 오른쪽에서 피아노, 왼쪽에는 베이스와 드럼 소리가 선명하게 나눠서 들릴 것이다. 스테레오 녹음이라 그렇다. 오른쪽에서 들리는 색소폰이 캐논볼 애덜리*Cannonball Adderley*가 연주하는 알토 색소폰, 왼쪽에서 들리는 소리가 존 콜트레인이 연주한 테너 색소폰이다.

〈Grand Central 그랜드 센트럴〉이 포함된 앨범 《Cannonball Adderley Quintet In Chicago 캐넌볼 애덜리 퀸텟 인 시카고》를 들으면서 알토 색소폰과 테너 색소폰을 구분하는 것은 재미있는 연습이 될 것이다. 솔직히 고백하자면 두 색소폰 사이의 트레이드 향연이 펼쳐지는 1번 트랙 〈Limehouse Blues 라임하우스 블루스〉을 악기 소리가 분리되지 않는 모노 녹음으로 들었다면, 과연 둘을 구분할 수 있을지 확신이 없다(아래 QR은 스테레오 녹음).

 〈Limehouse Blues〉, 캐넌볼 애덜리 퀸텟 

이 연습의 목적은 단지 악기를 구분하는 능력을 기르는 데

만 있지 않다. 개별 악기가 어떻게 연주되고 있는지에 귀 기울이다 보면 각각의 뮤지션이 지닌 뚜렷한 개성뿐 아니라 자유의 향연 속에서 어떻게 조화를 만들어가는지 엿볼 수 있다. 음악을 흘려보내듯이 듣는 감상도 분명 필요하지만 가끔은 귀를 쫑긋 세우고 음악에 완전히 몰입하는 감상도 재미있는 경험이 될 것이라 믿는다.

재즈 듣기 평가 ②

주제	재즈의 악기		
활동명	곡에 쓰인 악기 알아맞히기		
날짜		나의 점수는	★☆☆☆☆

※아래 음악을 잘 듣고 즉흥연주 순서에 맞는 악기와 세션 번호를 빈칸에 적어 봅시다.

1.

 〈You're My Everything〉, 프레디 허바드 

세션 소개

① 트럼펫: 프레디 허바드

② 알토 색소폰: 제임스 스파울딩

③ 피아노: 허비 행콕

④ 베이스: 레지널드 워크맨

⑤ 드럼: 클리포드 자비스

테마 → 솔로1 (　) → 솔로2 (　) → 솔로3 (　) → 솔로4 (　) → 테마

2.

 〈So What〉, 마일스 데이비스 

세션 소개

① 트럼펫: 마일스 데이비스

② 알토 색소폰: 캐논볼 애덜리

③ 테너색소폰: 존 콜트레인

④ 피아노: 빌 에반스

⑤ 베이스: 폴 체임버스

⑥ 드럼: 지미 콥

테마 → 솔로1 (   ) → 솔로2 (   ) → 솔로3 (   ) → 솔로4 (   ) → 테마

♥수고하셨습니다♥
정답은 아래!

1. ① 트럼펫 ② (알토) 색소폰 ③ 피아노 ④ 트럼펫
2. ① 트럼펫 ② (테너) 색소폰 ③ (알토) 색소폰 ④ 피아노

JAZZ

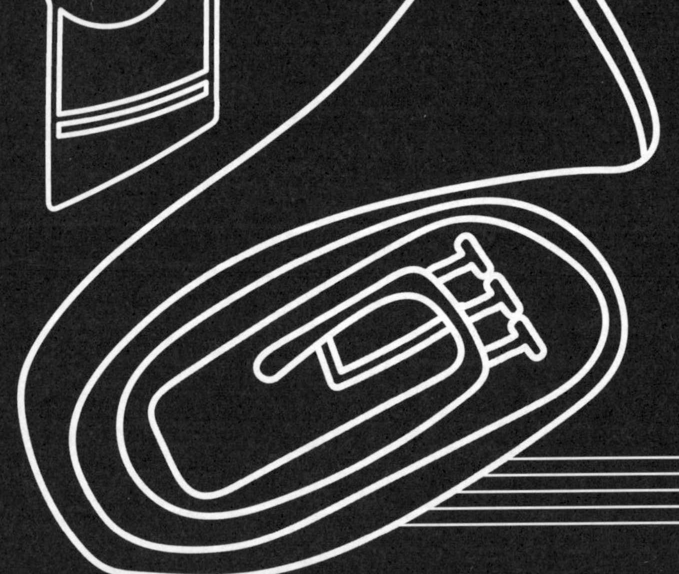

2부

재즈의 역사

재즈의 고향,
뉴올리언스

지금부터 시계의 바늘을 120년 앞으로 돌려 재즈의 탄생기로 들어가 보자. 재즈의 태동을 제대로 이해하려면 미국 남부 루이지애나주의 한 도시로 가야 한다. 재즈 연주자들의 즉흥 연주로 뜨겁게 달아오르는 거리, 한 블록만 걸어도 분위기 있는 재즈 클럽이 줄지어 있는 골목 그리고 루이 암스트롱을 비롯한 재즈 전설들의 흔적이 그대로 남아 있는 뉴올리언스 재즈 박물관, 매년 4월이면 재즈를 비롯해 블루스*Blues*, 가스펠*Gospel*, R&B, 록*Rock*, 펑크, 자메이칸 음악 등 흑인음악의 모든 뿌리와 가지를 만날 수 있는 음악 축제 '뉴올리언스 재즈&헤리티지 페스티벌*New Orleans Jazz & Heritage Festival*'이 열리는 곳.

재즈의 발상지, 뉴올리언스*New Orleans*이다.

크레올 그리고 래그타임

재즈의 활기로 가득 찬 도시 뉴올리언스를 특별하게 만든 역사적 사연이 숨어 있다. 도무지 영어 같지 않은 '루이지애나 *Louisiana*'라는 지명에서 알 수 있듯 1803년 나폴레옹이 이제 막 독립국 지위를 얻은 미국에 팔아넘기기 전까지 이곳은 본래 프랑스 영향 아래의 땅이었다.

흑인을 노예로 여겼던 미국과 달리 프랑스는 비교적 흑인에 대한 처우가 좋은 편이었다. 법적으로 혼혈을 인정했고 자유 흑인은 교육을 받을 수 있었으며 음악·미술·건축 같은 예술 분야에 종사하는 일도 가능했다. 덕분에 루이지애나에는 백인과 흑인 사이에서 태어난 혼혈 인종, 즉 '크레올*Creole*' 공동체가 자리 잡았다.

크레올은 백인처럼 정식 음악 교육을 받을 수 있었기에 클래식 작곡 기법과 화성 이론, 유럽식 악보를 익혔다. 하지만 그들의 몸속에는 아프리카의 리듬과 즉흥의 감각이 살아 있었다. 클래식과 아프리카의 감각이라는 두 세계가 부딪히고 섞이며 낯선 음악이 태어났으니, 바로 이름하여 '래그타임*Ragtime*'이다.

피아노로 연주하는 래그타임은 겉으로는 유럽식 행진곡의 단정한 리듬을 지녔지만 건반 위 오른손은 그 질서를 비틀어 음을 살짝 늦추거나 앞당기며 흐름을 뒤흔든다. 박자를 밀고 당기는 그 순간 리듬 속에 숨겨진 '그루브_Groove_'가 피어난다.

래그타임의 창시자인 작곡가이자 피아니스트 스콧 조플린 _Scott Joplin_이 연주하는 〈The Entertainer 더 엔터테이너〉에 귀를 기울여 보자. 미묘한 엇박자로 흥겨움을 가득 품고 있는 멜로디, 당시 클래식에서는 찾아볼 수 없었던 강렬한 비트와 독특한 그루브와 과감한 당김음은 재즈의 탄생에 큰 영향을 미쳤다.

> 〈The Entertainer〉, 스콧 조플린 

노예라는 아픈 역사와 노동요

제아무리 루이지애나주라고 해도, 크레올이 아닌 흑인은 노예 그 이상의 대우를 받지 못했다. 대부분 아프리카 서부, 지금의 세네갈·감비아·나이지리아·콩고 같은 지역에서 유럽 상인들에게 납치되거나 매매된, 이른바 '삼각 무역'의 이름으로 미국 땅에 끌려온 아프리카인의 상당수는 루이지애나의 사탕수수·면화 농장에서 강제 노동을 했다.

광활한 플랜테이션에서 흑인 노예들은 고향의 노래를 부

● 반복되는 리듬과 박자로 만들어지는 특유의 탄력과 흐름이 몸을 움직이고 싶게 만드는 그것.

르며 하루를 버텼다. 단순한 흥얼거림 같은 그 음악에는 아프리카의 정서가 고스란히 살아 있었다. 5음계 중심의 '펜타토닉 멜로디*Pentatonic Melody*'●, '콜 앤 리스폰스', '그루브', 미묘하게 음을 비트는 '블루 노트*Blue Note*'●●. 악보에 표기되지 않은 생생한 음악이 입에서 입으로 전해지고 있었던 것이다.

고향의 악기를 가져올 수 없었던 그들은 주변의 모든 것을 소리 내는 도구로 만들었다. 손뼉과 발의 움직임을 통한 소리는 물론 드럼통, 깡통 심지어 삽과 곡괭이까지도 리듬을 만드는 악기가 되었다. 이렇게 탄생한 음악은 '워크송*Work Song*'이라 불리며 공동체 안에서 전해졌다. 이 흑인 공동체의 음악은 훗날 블루스, 가스펠, R&B, 펑크, 힙합 등 미국 대중음악의 뿌리가 된다. 그중에서도 재즈의 핵심 뼈대가 된 두 장르가 있으니 바로 '블루스'와 '가스펠'이다.

블루스와 가스펠, 재즈의 어머니

'블루스'는 1860년대 미국 남부에서 시작됐다. 12마디 반복 구조, 블루 노트, 서사적인 가사, 콜 앤 리스폰스가 특징이

● 다섯 개의 음으로 이루어진 단순하고 부드러운 선율을 말한다. 우리 전통 음악의 5음계 '궁상각치우'와 꽤 닮았다.
●● 주로 블루스나 재즈에서 쓰이며 음계를 평소보다 약간 낮춰 연주하는 특정 음(3도, 5도, 7도 등)을 말한다. 쓸쓸함이나 우울함의 색채를 더할 수 있다.

다. '슬픔blue'이라는 이름에서 유추할 수 있듯이 서글픔과 아픔을 토해냄으로써 이를 해소하는 것이 목적이었으니 흑인들 내면 깊숙이 자리 잡은 고통을 가장 솔직하게 담아낸 장르라고 할 수 있겠다.

흑인교회에서 발전한 '가스펠'은 폭발적인 솔로와 화답하는 합창, 박수, 심지어 율동까지 어우러진다. 고통스러운 현실을 초월하려는 몸부림 속에서 탄생한 영적이면서도 육체적인 음악이었다. 영화 〈시스터 액트〉(1992)의 합창 신을 보면 흑인 가스펠의 분위기를 엿볼 수 있다. 명색이 종교음악인데 이렇게 신나도 되나 싶을 정도로 신명 나는 무대가 아닐 수 없는데 저 흥겨움이 고통스러운 현실을 극복하기 위한 힘겨운 싸움의 흔적이라고 생각하면 가슴 한편이 아린다.

 영화 〈시스터 액트〉 중에서 〈Oh Happy Day〉 

남북전쟁의 유산, 재즈의 씨앗

남북전쟁(1861~1865)이 끝난 뒤, 많은 군악대가 해체되면서 트럼펫, 튜바, 드럼, 클라리넷, 색소폰 같은 관악기들이 중고 시장에 쏟아졌다. 해방된 흑인들은 이 악기들을 줍거나 싸게 구입하여 연주하기 시작했다. 재즈 하면 떠오르는 악기를 생각해 보자. 색소폰, 트럼펫, 드럼 등등. 현대 재즈에 쓰이는 악기 대부분은 군악대의 주요 파트를 담당한 악기였다. 버려진 악기에 창조적 영감을 불어넣던 재즈 조상의 유산이 오늘날 재즈에 남아 있는 것이다.

그러나 정식 교육을 받은 경우는 드물었고 대부분 귀로 듣고 따라 하는 독학이었다. 즉흥적으로 연주해보고 '이거 좋은데?', '이건 별로네…' 하는 식으로 연주를 익혀 나갔다. 이러한 습득 방식이 재즈의 즉흥성으로 이어지는 것이다.

 〈When the Saints Go Marching In〉, 놀라 브라스 밴드 

모든 요소, 뉴올리언스에서 꽃피우다

이런 음악적 요소들, 그러니까 크레올의 래그타임, 아프리카 전통 리듬과 그루브, 블루노트와 블루스, 가스펠에 군악대 악기까지 모두 한데 모인 무대가 바로 뉴올리언스였다.

북부와 남부를 가로지르는 미시시피강 하구에 자리한 뉴올리언스는 미국 남부를 대표하는 항구이자 군사적 요충지였다. 무릇 사람들의 왕래가 잦은 곳이라면 다양한 상업 시설, 그중에서도 유흥업의 발달은 필연적이고 이것이 음악 산업의 성장에 큰 영향을 주게 된다. 당시엔 지금처럼 녹음 기술이 발달하지 않았기에 펍에서 음악을 들려줄 방법은 라이브 연주뿐이었다. 그 덕에 뉴올리언스에는 뮤지션에 대한 엄청난 수요가 생겼고 해방된 흑인 노예 출신 뮤지션, 정통 음악 교육을 받은 크레올, 카리브해의 리듬을 지닌 쿠바계 이민자, 프랑스·스페인계 백인, 심지어 유럽에서 건너온 집시 밴드까지 각지에서 넘쳐나는 일자리를 찾아 사람들이 몰려들었다. 그들은 서로의 음악을 섞고 변형하여 '재즈'라는 새로운 장르를 만들었다.

이렇게 탄생한 뉴올리언스 재즈의 가장 큰 특징은 바로 모두가 함께 연주하는 데 있다. 한 명씩 돌아가며 솔로 연주를 펼치는 방식의 현대 재즈와 달리 뉴올리언스 재즈는 여러 악기가 동시에 제각각의 목소리를 낸다. 이를 '집단 즉흥연주*Collective Improvisation*'라고 부른다. 트럼펫은 중심 멜로디를 당당하게 끌고 클라리넷은 그 위에서 화려한 장식을 덧입힌다. 트롬본은 아래쪽에서 묵직하게 받쳐주며 리듬과 조화를 만든다. 세 악기가 각자 할 말을 하면서도 서로 귀를 기울이며 한 편의 이야기를 만들어간다.

여기에 군악대 출신 연주자들이 가져온 행진곡 리듬과 흑인 블루스의 애절한 감성이 스며든다. 그 결과 뉴올리언스 재즈 특유의 살아 숨 쉬는 듯한 생동감이 완성되는 것이다. 정신없고 소란스러운 방식으로 슬픔과 그리움을 구현한 음악. 이것이 뉴올리언스 재즈의 매력이다.

세상사 많은 일이 그렇듯이, 재즈도 우연과 필연 간 만남의 산출물이다. 나폴레옹이 뉴올리언스를 미국에 판 '우연'과 지리상 여건이라는 '필연'의 결합이니까. 그건 그렇고 재즈 이야기하면서 나폴레옹까지 소환하게 될 줄이야. 나폴레옹, 이 양반이 세계에 미친 영향은 대체 어디까지인 걸까?

루이 암스트롱

재즈는 종종 "뉴올리언스에서 태어나 시카고에서 성장하고 뉴욕에서 성숙했다."라고 말한다. 그런데 이 모든 여정을 한  몸에 담아낸 인물이 있다. 바로 크고 두툼한 입술 때문에 큰 책가방 같은 입이라는 뜻의 '사치모*Satchmo*'라는 별명이 붙은 루이 암스트롱이다. 그는 뉴올리언스의 거리에서 출발해 시카고의 무대에서 성장했고, 뉴욕의 심장부에서 재즈를 세계적인 예술로 끌어올렸다. 그가 없었다면 오늘날 우리가 아는 재즈는 존재하지 않았을 것이다.

1901년, 뉴올리언스의 빈민가에서 태어난 그는 어릴 적 장난삼아 쏜 총 때문에 갔던 소년원에서 처음으로 코넷*Cornet*(트럼펫과 비슷한 악기)을 만났다. 소년원 출소 후 뉴올리언스 거리의 퍼레이드 밴드와 선상 밴드에서 연주하며 생계를 이어가던 그는 당시 지역의 전설적인 연주자 조 킹 올리버*Joe 'King' Oliver* 밑에서 음악의 기초를 다졌다. 올리버는 훗날 루이를 시카고로 부르는데, 이 선택이 그의 음악 인생을 완전히 바꿔놓는다.

그렇게 1922년 루이는 뉴올리언스를 떠나 시카고로 향했다. 당시 시카고는 이주한 흑인 노동자들, 금주법 시대의 클럽 문화, 급변하는 도시 분위기 속에서 재즈가 꽃피던 곳이었다. 그는 '킹 올리버의 크리올 재즈 밴드'에 합류했고, 무대에서 벌이는 즉흥연주와 스윙감 넘치는 프레이징으로 금세 주목받았다. 이후 그는 피아니스트이자 보컬리스트 릴 하딘*Lillian Hardin*과 결혼했고 그녀의 조언에 따라 밴드를 나와 단독 활동을 시작한다. 리더가 된 루이 암스트롱은 마침내 전설로 거듭나기 시작한다.

1925년부터 1928년까지 그가 이끈 '핫 파이브'와 '핫 세븐' 밴드에서 그는 '솔로 연주'라는 개념을 본격화한다. 이전까지 재즈는 밴드가 함께 소리 내는 집단 즉흥연주 중심이었지만, 핫 파이브에서 루이 암스트롱은 악기 하나가 주인공이 되어 이야기를 끌고 가는 구조를 만들어냈다. 이것이 핫 파이브와 핫 세븐라는 밴드가 오늘날에도 재즈 교과서로 불리는 이유이다. 연주뿐 아니라 보컬에서도 혁신을 이뤘다. 녹음

중 악보를 잃어버린 채 "두비두밥~"하고 뜻 없는 음절을 흥얼거리기 시작한 것이 '스캣Scat'의 시초가 되었다는 일화는 유명하다.•

1930년대부터는 뉴욕과 LA에서도 활동을 시작하며 대중적인 인기를 끌었다. 영화에도 출연했고, 백인 청중을 상대로 하는 콘서트 무대에도 섰다. 당시 인종차별이 극심했음에도 그의 음악은 그 벽을 넘었다. 〈Hello, Dolly! 헬로우 달리!〉는 비틀즈 전성기였던 1964년, 비틀스의 히트곡을 밀어내고 빌보드 1위를 차지했다. 62세의 재즈 트럼펫터가 20대 록밴드를 꺾은 것이다. 트럼펫 인트로 하나로 재즈의 방향을 바꿔놓은 재즈의 기념비적인 곡 〈West End Blues 웨스트 엔드 블루스〉도 암스트롱을 대표하는 곡이라고 할 수 있다.

무엇보다도 루이 암스트롱의 진짜 매력은 목소리이다. 거칠고 낡은 듯하지만, 그 안에는 사람 냄새 나는 따뜻함이 있다. 〈What a Wonderful World 왓 어 원더풀 월드〉는 발매된 지 수십 년이 지난 지금도 여전히 수많은 사람에게 위로와 위안을 준다. 재즈가 뭐냐고 묻는 말에 루이 암스트롱은 이렇게 말했다.

"만일 당신이 재즈가 무엇이냐고 물어야 한다면, 당신은

• 초기 뉴올리언스 재즈에서 악기를 흉내내던 시도가 스캣의 시초라는 설도 있다. 무엇이 시초이든 스캣을 재즈 보컬의 대명사로 정착시킨 것은 루이 암스트롱의 공이 가장 크다.

재즈를 영원히 이해할 수 없을 것입니다."

재즈에 대해 알고 싶다면 수백 마디의 설명을 들을 게 아니라 실제 재즈 무대를 보고 즐기는 편이 나을지도 모른다. 뉴올리언스의 거리에서 시카고의 무대, 뉴욕의 카네기홀을 거쳐 세계인의 마음에 이르기까지 그는 재즈 그 자체였다.

키드 오리

낮고 굵직한 음으로 리듬을 받치다가 가끔 불쑥 튀어나와 존재감을 드러내는 악기, 트롬본. 키드 오리*Kid Ory*는 재즈에서 트롬본이라는 악기를 주연의 자리에 올려놓은 인물이다.

키드 오리는 1886년 뉴올리언스 근교의 라플레이스에서 태어났다. 본래 기타를 연주했지만 이내 트롬본으로 전향했고 그게 결과적으로는 재즈 역사에 행운이 됐다. 1910년대 초, 그는 자신의 밴드를 조직했는데 루이 암스트롱, 조 올리버, 시드니 베셰*Sidney Bechet* 같은 재즈의 역사에 이름 새긴 걸출한 재즈 뮤지션들이 이 밴드를 거쳐 갔다. 말하자면 그는 뉴올리언스 재즈의 사관학교 같은 존재였다.

오리는 특히 뉴올리언스 스타일 특유의 '테일게이팅*tailgating*' 트롬본 연주로 유명했다. 이건 브라스 밴드 퍼레이드에서 행렬 뒤쪽에서 따라가며 연주하던 방식인데 길고 미끄러지듯 이어지는 슬라이드, 곡을 받쳐주는 리듬감, 즉흥 코멘트 같은 '대꾸'가 특징이다. 키드 오리는 이 스타일을 정립한 대표주자였고, 이후 트롬본이 하나의 즉흥적 주체로 인정받는 데에 크게 기여했다.

1920년대 중반, 그는 시카고로 건너가 본격적으로 레코딩 활동을 시작한다. 재즈 역사상 중요한 녹음 중 하나로 평가받는 루이 암스트롱의 '핫 파이브' 세션에서도 트롬본을 맡았는데, 흑인 트롬본 주자로서 상업적 레코딩에 참여한 첫 사례로 알려져 있다.

그의 대표곡 중 하나인 〈Ory's Creole Trombone 오리스 크리올 트롬본〉은 초기 뉴올리언스 재즈의 정수를 보여준다. 질주하는 브라스, 꺾이는 리듬, 거친 숨소리 같은 호흡이 살아 있다. 어떤 순간에는 갑자기 튀어나와 곡에 유쾌한 긴장을 더하는 재치 있는 연주로 엉덩이가 들썩이는 활기를 불어넣는다. 트롬본을 통해 그는 재즈가 춤과 유머, 대화와 즉흥의 음악이라는 것을 실감 나게 했다.

제2차 세계대전 이후, 재즈가 점점 복잡해지고 예술적 실험으로 나아갈 때 오리는 '전통 재즈'의 수호자 역할을 자처하여 전통 재즈 부활 운동의 핵심 인물로 활동했다. 그는 항상 말하곤 했다.

"재즈는 어렵게 만들 필요 없어. 그냥 사람들 몸이 반응하면 그게 진짜지."

조 '킹' 올리버

루이 암스트롱이 '재즈의 황제'라면, 조 올리버는 '왕King'이었다. 별명이 괜히 킹이 아니다. 재즈라는 장르가 뉴올리언스 뒷골목에서 점점 대중의 귀로 파고들던 1910~1920년대, 올리버는 트럼펫 하나로 그 판을 주도한 장본인이었다. 그가 무대에 올라 트럼펫을 불기 시작하면, 사람들은 춤을 멈추고 숨을 골랐다. 그의 사운드는 우아하면서도 야성적이었고 무엇보다 새로웠다.

올리버는 뮤트 기법의 개척자였다. 소리가 나오는 트럼펫의 종구에 컵이나 고무 뚜껑을 씌워 소리를 울렁이게 만드는 기법인데, 그는 여기에 병뚜껑, 금속 컵, 심지어 뚫어뻥까지 사용하면서 다른 트럼펫 주자가 흉내 낼 수 없는 독특한 소리를 찾기 위해 노력했고 이런 시도는 재즈 연주 전반에 큰 영향을 미쳤다.

원래 뉴올리언스에서 활동하던 그는 1918년 시카고로 건너가 자신의 밴드 '크레올 재즈 밴드'를 결성하고 제자 루이 암스트롱을 초빙한다. 여기에서 여담 하나. 루이가 아직 코넷을 부르던 풋내기 시절, 조 올리버는 그 재능을 단번에 알아봤고, '그 꼬마는 나보다 더 갈 거야'라고 말했다고 한다. 그의 예언대로 루이는 정말로 더 높이 갔다. 아마 루이에게 조 올리버 같은 스승이 있었기 때문이 아닐까? 그런 이유로 루이 암스트롱은 은퇴할 때까지 그를 '파파 조'이라 부르며 따랐다고.

그의 대표곡인 〈Dipper Mouth Blues 디퍼 마우스 블루스〉의 코넷 솔로는 올리버가 직접 작곡한 것으로 암스트롱의 초기 스타일에 결정적 영향을 준 연주로 평가된다. 조 올리버의 솔로가 들어 있는 명곡이기도 하다. 또 〈Canal Street Blues 커널 스트리트 블루스〉, 〈Doctor Jazz 닥터 재즈〉 같은 명곡 등은 당시로선 전혀 생소했던 멜로디와 리듬을 선보이며 뉴올리언스 스타일을 미국 전역으로 확장했다.

하지만 삶은 녹록지 않았다. 올리버는 뛰어난 뮤지션이었지만 비즈니스 감각은 다소 떨어졌다. 그는 여러 음반사와의 계약 실패, 경제 대공황, 치아 질환으로 인해 연주도 중단할 수밖에 없었고 생의 말년엔 뉴욕에서 샌드위치를 팔며 생계를 이어갔다고 한다. 불후한 말년에도 불구하고 그의 음악적 성취는 빛이 난다.

시드니 베셰

루이 암스트롱보다 먼저 재즈 솔로를 완성한 연주자 중 한 명으로 평가받는 또 다른 재즈 전설. 뉴올리언스 출신으로 어린 시절부터 집안 파티에서 클래식 클라리넷을 불며 기초를 닦았다. 거칠고 강한 음색은 단번에 알아볼 수 있을 만큼 뚜렷했고, 연주자들 사이에서도 '베셰의 소리는 어디서든 구분된다'라는 평을 들었다.

그는 클라리넷뿐 아니라 소프라노 색소폰을 재즈에 본격적으로 도입한 인물이기도 하다. 1910년대만 해도 색소폰은 변칙적이고 드물게 쓰이는 악기였지만, 베셰는 이를 주저 없이 연주에 활용했다. 그의 연주는 절제된 속삭임과는 거리가 멀었다. 직선적으로 뻗는 음, 크게 흔들리는 비브라토, 때로는 외침처럼 들리는 강한 감정 표현이 특징이었다. 재즈가 막 형성되던 시절에 이런 개성적인 연주 스타일은 드물었다.

1920년대 유럽 순회공연 중 도착한 프랑스 파리는 그의 새로운 무대가 되었다. 파리지엔들은 베셰의 연주에 열광했고 그는 정착하여 자신의 62번째 생일인 5월 14일에 세상을 떠날 때까지 파리에 머물렀다.

감미로운 색소폰 연주곡 〈Petite Fleur 쁘띠 플뢰르〉는 지금도 유럽 재즈 클럽에서 연주될 만큼 사랑받는 프랑스 재즈의 대표곡이다. 애잔한 선율 속에서 뉴올리언스의 뿌리와 파리에서 다듬어진 감성이 모두 느껴진다. 〈Egyptian Fantasy 이집션 판타지〉, 〈Summertime 서머타임〉 역시 그만의 색소폰 사운드를 잘 보여주는 작품이다.

제리 롤 모튼

제리 롤 모튼*Jelly Roll Morton*은 자신을 '재즈를 발명한 사람'이라고 소개했다. 그 말이 과장일 수는 있겠지만 초창기 재즈의 형성과 발전에 있어 그의 역할이 큰 건 사실이다. 그는 피아노를 중심으로 래그타임, 블루스, 군대 행진곡, 크레올 음악 등을 결합해 초기 재즈의 형식을 만들어냈다.

뉴올리언스에서 태어난 모튼은 10대 시절부터 펍, 사교 클럽, 심지어 도박장과 매춘 클럽까지 다양한 장소에서 피아노를 연주하며 생계를 이어갔다. 이렇게 실전으로 다져진 즉흥 연주와 편곡 실력을 바탕으로 시카고로 이주해 결성한 '레드 핫 페퍼스' 활동으로 전성기를 누린다.

모튼의 피아노 연주는 강한 왼손 리듬과 화려한 오른손 멜로디가 대비를 이루었다. 왼손은 래그타임 특유의 당김음을 유지하며 곡을 단단히 지탱하면서 오른손으로는 블루스풍 프레이즈와 재치 있는 장식음을 섞어 멜로디를 살렸다. 이런 피아노 스타일은 밴드 사운드 속에서 피아노가 독자적인 목소리를 낼 수 있다는 가능성을 보여주었고, 이후 스윙 시대에도 영향을 주었다. 특히 〈King Porter Stomp 킹 포터 스톰프〉는 초창기 재즈에서 스윙으로 넘어가는 전환점이 되었다.

녹음 기술이 아직 제한적이던 시대에도 그의 녹음은 당시로서는 드물게 악기 파트별 역할이 뚜렷했고, 집단 즉흥과 짜임새 있는 구조가 균형을 이루었다. 각 파트가 단순히 동시에 연주하는 것이 아니라 서로 공간을 주고받으며 진행하는 구조는 훗날 빅밴드 편성의 기초가 되었다. 이런 점에서 모튼은 뉴올리언스 재즈와 스윙 시대를 연결하는 다리 역할을 했다고 볼 수 있다.

바뀐 시대의 흐름에 적응하지 못하고 말년에는 주류 무대에서 점차 멀어졌지만, 1938년 미국 민속음악 연구자 앨런 로맥스와의 인터뷰를 통해 자신의 음악 세계와 초기 재즈의 역사에 대해 방대한 구술 기록을 남겼다. 재즈라는 이름을 달고 출판된 최초의 악보 중 하나로 꼽히는 〈Jelly Roll Blues 제리 롤 블루스〉라는 곡을 남기기도 했다. 이렇게 초창기 재즈의 풍경에 관한 자료를 남겼다는 것만으로도 '자칭' 재즈의 창시자 역할을 다한 것이 아닐까.

🎺 **뉴올리언스 재즈 트랙** 

〈What a Wonderful World〉, 루이 암스트롱
〈Hello, Dolly!〉, 루이 암스트롱
〈West End Blues〉, 루이 암스트롱
〈Ory's Creole Trombone〉, 키드 오리
〈Muskrat Ramble〉, 키드 오리
〈Savoy Blues〉, 키드 오리
〈Dipper Mouth Blues〉, 조 '킹' 올리버
〈Canal Street Blues〉, 조 '킹' 올리버

<Doctor Jazz>, 조 '킹' 올리버
<Petite Fleur>, 시드니 베셰
<Egyptian Fantasy>, 시드니 베셰
<Summertime>, 시드니 베셰
<King Porter Stomp>, 제리 롤 모튼
<Black Bottom Stomp>, 제리 롤 모튼
<Doctor Jazz>, 제리 롤 모튼

 재즈 한 조각 끼워넣기

'딕시랜드 재즈*Dixieland Jazz*' 들어봤니?

<Livery Stable Blues>, 오리지널 딕시랜드 재즈 밴드

재즈는 흑인의 음악인 것은 분명하지만 그에 합당한 대우를 받은 경우는 드물었다. 최초의 재즈 앨범도 흑인이 아닌 백인 재즈 밴드인 '오리지널 딕시랜드 재즈 밴드Original Dixieland Jazz Band/ODJB'가 남겼다고 하니 흑인 재즈 뮤지션로서는 화가 나는 일이었을 것이다.

'딕시랜드 재즈'는 '백인'이 연주한 뉴올리언스 재즈를 일컫는 단순한 개념이다. 얼마나 차별이 심한 시기였기에 같은 걸 연주하면서 용어까지 달리했을까? 백인이 흑인의 음악적 성취를 발판으로 부와 명예를 얻는다고 인식했다고 한다. 다른 시각에서 본다면 딕시랜드 재즈의 존재 자체가 재즈의 엄청난 인기를 증명하는 것으로도 볼 수 있겠지만 왠지 씁쓸한 뒷맛이 남는다는 건 부정할 수 없다.

스스로 재즈 학습 ①

주제	뉴올리언스 재즈	
활동명	내 삶에 뉴올리언스 재즈 들이기	
날짜	나의 점수는	★☆☆☆☆

1. 재즈가 탄생한 도시 뉴올리언스에 방문하게 된다면 그곳에서 듣고 싶은 재즈곡을 뉴올리언스 재즈 트랙에서 골라 봅시다. 선택한 곡이 좋았던 이유도 같이 이야기해 봅시다.

2. 뉴올리언스 재즈는 삶의 기쁨과 슬픔이 공존하는 음악인데요. 앞에서 소개한 뉴올리언스 재즈 중 오늘 하루를 토닥여준, 혹은 어깨를 들썩이게 만들어준 곡을 이야기해 주세요.

3. 루이 암스트롱은 트럼페터이면서 특색있는 보컬리스트이기도 합니다. 다음 QR 영상에서 그는 트럼펫 연주와 보컬을 함께 보여주는데요. 여러분의 마음에 드는 루이 암스트롱은 어떤 모습인가요?

 〈Hello, Dolly!〉, 루이 암스트롱 

나의 선택은 (트럼펫 주자로서 암스트롱/보컬리스트로서 암스트롱)입니다.

♥수고하셨습니다♥

시카고
그리고
캔자스시티까지

뉴올리언스에서 태동을 마치고 인기를 누리던 재즈에 큰 시련이 닥쳤으니, 바로 미국 전역에 시행된 이름하여 금주법! 뉴올리언스 재즈는 대규모 군부대 인근의 홍등가와 술집에서의 수요로 성장을 해왔는데 1920년 금주법이 시행되면서 재즈의 인기가 곧바로 꺾여버릴 위기를 맞게 된 것이다. 엎친 데 덮친 격으로 제1차 세계 대전의 발발로 뉴올리언스가 군항으로 지정됨으로써 더 이상 술장사는 불가능에 가까워지게 되었다. 융성했던 뉴올리언스 홍등가는 줄폐업. 갈 곳 잃은 수많은 재즈 아티스트는 '넥스트 뉴올리언스'로 눈을 돌리게 된다. 그들이 찾은 약속의 땅은 '시카고Chicago!' 뮤지컬 〈시카고〉의 무대가 되는 바로 그 시대의 시카고다.

그 넓은 미국 땅 중에 왜 하필 시카고였냐면, 그곳이 금주법이 적용되지 않는 향락의 도시였기 때문이다. 당시 시카고에서는 밀주업으로 상당한 부를 축적한 전설적인 마피아 알 카포네가 운영하거나 그의 비호를 받은 카바레와 나이트클럽, 술집이 불야성을 이루고 있었다. 그리고 그곳에는 언제나 재즈가 연주되었다. 시카고 시장 윌리엄 톰슨과 알 카포네의 동맹은 공공연한 비밀이었다고 하는데, 공권력과 결탁한 마피아 조직의 불법 행위가 재즈라는 예술의 발전에 직간접적으로 영향을 미쳤다니, 참으로 아이러니하다.

상황이 이렇다 보니 이때의 재즈는 지금 우리가 재즈 하면 떠올리는 이미지와는 상당히 다르다. 지금이야 커피나 와인을 연상하곤 하지만 이때 재즈는 곧 향락, 더 나아가서는 퇴폐 이미지와 더 가까웠다. 그 시절 시카고의 공기, 분위기, 음악을 생생하게 느끼고 싶다면 뮤지컬 〈시카고〉를 추천한다. 시대의 향락과 긴장을 세련되고 대담하게 포착해 낸 수작이다.

 뮤지컬 〈시카고〉중에서 〈올 댓 재즈〉

자고로 흘러갈 것은 흘러갈 물줄기를 찾는 법. 상업적 가치를 인정받은 재즈는 시카고에서만 머물 운명은 아니었다. 강물을 거슬러 올라가는 힘찬 연어처럼 재즈는 미시시피강을 타고 동쪽으로는 캔자스시티로, 서쪽으로는 미국 문화의

중심지이자 모든 부가 모여드는 곳, 뉴욕으로 세를 확장하게 된다.

시카고와 캔자스시티는 모두 뉴올리언스 재즈의 흐름을 이어받았지만, 같은 강물에서 길러진 두 갈래 물줄기처럼 성격은 꽤 달랐다. 시카고는 뉴올리언스에서 건너온 뮤지션들의 집단 즉흥연주 전통에다가 '개인'의 목소리를 더했다. 무대 위에서는 한 명씩 차례로 앞으로 나와 자신만의 이야기를 풀어냈고, 관객은 연주자 개인의 기량과 개성을 집중해서 들을 수 있었다. 루이 암스트롱이 시카고에서 보여준 솔로는 바로 그런 변화를 상징했다. 여러 사람이 동시에 얘기하던 토론장에서 이제는 발언권이 한 사람에게 주어진 발표회장이 셈이었다.

반면 캔자스시티의 재즈는 블루스에 훨씬 깊게 뿌리를 두고 있었다. 12마디 구조의 블루스 진행이 곡의 뼈대를 이루고 그 위에 짧은 '리프Riff(일정한 코드 진행을 반복하는 반복구)'가 얹혔다. 연주는 간결하게 시작하지만 점점 길어지고 자유로워져 밤새 이어지는 경우도 많았다. 리프가 만들어내는 끊임없는 파도 위에서 뮤지션들은 마음껏 즉흥을 펼쳤고 리듬 섹션은 그 흐름을 탄탄히 받쳐주었다. 시카고가 개인의 순간을 보여주는 무대였다면, 캔자스시티는 모두가 같은 그루브 속에서 끝없이 달리는 스타일이었다.

여기서 여러분께 드리는 조언 한마디. 이건 어디까지나 이

론적인 구분이고, 음악만으로 둘을 구분하는 것은 그 시대를 살지 않은 우리에게는 굉장히 힘든 일이다. 그러니 둘을 엄밀히 구분하기보다는 스윙 시대 이전의 재즈 스타일 정도로 이해하면 좋겠다.

빅스 바이더벡

1920년대 미국 재즈 씬에서 독자적인 위치를 차지한 코넷 연주자이자 작곡가였다. 그는 중서부의 백인 중산층 가정에서 성장했지만 정규 음악 교육보다는 귀로 듣고 익히는 방식을 선호했다. 감각에 의존하는 절대음감이었다고. 어린 시절 들었던 뉴올리언스 재즈 레코드와 피아노 연주가 음악적 감각을 키웠다.

빅스 바이더벡*Bix Beiderbecke*의 코넷 소리는 또렷하고 맑으면서도 부드러운 울림이 특징이었다. 루이 암스트롱이 강한 스윙감과 폭발적인 에너지로 청중을 압도했다면 그의 연주는 절제와 여백 속에서 아름다움을 찾았다. 그는 음과 음 사이의 간격을 살리고 멜로디 라인을 유려하게 이어가는 데 뛰어났다. 이러한 스타일은 당시 시카고 재즈와 뉴올리언스 스타일

속에서 이례적으로 섬세하고 서정적인 사운드로 평가받았다.

1920년대 중반, '더 울버린스'라는 밴드에서 활동하며 재즈계의 주목을 받기 시작해 '폴 화이트먼*Paul Whiteman* 오케스트라'라는 당시 가장 인기 있었던 대규모 댄스 밴드에서 활동하며 빅밴드 내에서도 코넷 연주자로서 독특한 음색과 개성을 유지했다. 섬세하고 서정적인 톤이 인상적인 그의 대표곡 〈Singin' the Blues 싱잉 더 블루스〉을 들어보자.

그는 연주뿐 아니라 작곡에서도 재능을 발휘했다. 피아노곡 〈In a Mist 인 어 미스트〉는 래그타임, 클래식, 재즈의 요소를 결합한 독창적인 작품으로 그가 실험정신을 지닌 작곡가였음을 알 수 있다.

알코올 중독과 건강 악화로 인해 28세라는 이른 나이에 세상을 떠났지만 부드럽고 서정적인 그의 연주 스타일은 '쿨 재즈*Cool Jazz*'의 탄생에 결정적인 이바지했다는 평가를 받는다. 짧은 생애에도 불구하고 바이더벡은 재즈가 강렬함뿐 아니라 섬세함과 여백으로도 감동을 줄 수 있다는 것을 보여줬다.

플레처 핸더슨

빅밴드 스윙 재즈의 형식을 정립한 편곡가이자 밴드 리더. 원래 약학을 전공했지만 음악에 대한 열정을 버리지 못하고 1920년대 초 뉴욕의 흑인 전문 극장에서 음악감독으로 활동했다. 이 시기부터 빅밴드 편곡에 본격적으로 관여한다.

당시 빅밴드는 규모만 컸을 뿐, 악기 편성이나 역할 분담이 체계적이지 않았다. 핸더슨은 색소폰, 트럼펫, 트롬본을 섹션별로 나누고 각 섹션이 주고받는 '콜 앤 리스폰스' 구조를 도입해 사운드의 밀도와 리듬감을 높여 스윙 빅밴드의 토대를 닦았다.

그의 밴드, '플레처 핸더슨 앤 히스 오케스트라'는 루이 암스트롱, 콜먼 호킨스*Coleman Hawkins*, 로이 엘드리지*Roy Eldridge* 등 재즈의 대표 연주자들이 거쳐 간 무대였다. 그러나 세상은 실력만으로 평가하지는 않는 법. 뛰어난 음악적 성과에도 불구하고 당시 인종차별과 경영난으로 인해 밴드 운영은 어려움을 겪었다. 결국 밴드를 해체한 그는 1930년대 후반 베니 굿맨*Benny Goodman* 오케스트라의 편곡자로 합류해 베니 굿맨의 '스윙의 왕*King of Swing*'의 지위에 오르는 데 크게 기여했다.

플레처 핸더슨*Fletcher Henderson*은 대중의 스포트라이트보다는 무대 뒤에서 영향력을 발휘한 인물이었다. 그의 편곡 방식과 빅밴드 운영 모델은 이후 수십 년간 스윙 재즈의 표준이 되었고, 재즈가 무대 규모와 사운드 면에서 한 단계 도약하는 데 결정적인 역할을 했다.

카운트 베이시

1930년대의 미국 중부, 캔자스시티는 재즈의 또 다른 수도로 불릴 만큼 독자적인 스타일을 키워냈다. 부패한 정치와 느

슨한 단속 덕에 밤마다 음악이
쏟아졌고 블루스 기반의 느긋
하고 스윙감 넘치는 연주가 중
심이었다. 이 흐름의 중심에 있
던 인물이 바로 '카운트(백작)'
베이시*Count Basie*. 뉴저지 출신이
었던 그는 원래는 드러머였으
나 손목 부상 이후 피아노로 전

향했고 이후 피아니스트이자 밴드 리더로서 캔자스시티 재
즈의 상징이 된다.

베이시가 본격적으로 주목받은 건 캔자스시티 재즈의 초
창기를 이끈 트롬보니스트 베니 모튼*Benny Morton*이 이끄는 블
루스 스타일의 빅밴드, '베니 모튼 오케스트라'에 합류하면서
부터였다. 이후 '카운트 베이시 오케스트라'로 탈바꿈하며 전
성기를 맞는다. 이 밴드는 정해진 악보보다 즉흥성과 반복 리
프에 의존하는 캔자스시티 스타일을 충실히 구현했다. 그의
군더더기 없는 피아노 연주는 리듬 섹션 전체를 안정감 있게
받쳐줬다. 특히 그가 편곡한 연주곡 〈April In Paris 에이프릴 인
파리〉은 제목만큼 절제와 낭만이 공존한다.

카운트 베이시는 1980년대까지도 활동을 이어가며, 재즈
가 록과 팝의 그림자에 밀려날 때도 스윙의 품격을 지켰다. 베
이시의 오케스트라는 무엇보다 리듬이 살아 있었고, 단순하

고 유연한 그루브가 있었다. 솔로보다 앙상블, 테크닉보다 '스윙'에 초점을 맞추며 그의 오케스트라는 재즈 교육 현장과 무대 위에서 살아 움직이는 교본으로 뒤에서 소개할 듀크 엘링턴*Duke Ellington*과 함께 '스윙 빅밴드의 양대 산맥'으로 불린다.

얼 하인즈

1920년대 후반 시카고, 많은 재즈 피아니스트가 래그타임 스타일에 머물러 있을 때 얼 하인즈*Earl Hines*는 피아노를 관악기처럼 다뤘다. 손가락으로 멜로디를 불듯이 연주하는 그의 스타일은 '트럼펫 스타일 피아노*trumpet-style piano*'라고 불렸는데, 당시로선 파격적인 접근이었다. 오른손은 명확한 멜로디 라인을 연주하고 왼손은 급격한 리듬 변화를 만들어내는 이 입체적인 사운드는 이후 비밥의 피아노 연주 방식에도 깊은 영향을 끼친다.

그의 피아노 연주는 화려하기보다는 똑 부러지고 공격적이다. 멜로디를 분명하게 찍어내는 터치와 급작스럽게 변화하는 전개, 즉흥성 속에 살아 있는 구성이 인상적이다. 비트를 반 박자씩 밀거나 당기며 의도적인 긴장을 주는 방식 등을 통해 재즈 피아노의 표현 가능성

을 넓힌 개척자였다는 평가를 받는다.

하인즈는 루이 암스트롱과의 인연으로도 유명하다. 1928년 녹음된 〈Weather Bird 웨더 버드〉는 피아노와 트럼펫이 주고받으며 대화하는 듯한 전개로 초기 재즈 듀오 연주의 클래식으로 손꼽힌다. 피아노가 솔로 악기로 기능할 수 있음을 보여준 이 협업은 후대 재즈 피아니스트들에게 '어떻게 대화를 나눌 것인가'라는 질문을 던져주었다.

1930년대 당시 빅밴드 사이에서 독립적인 위치였던 하인즈의 밴드는 플레처 핸더슨이나 카운트 베이시처럼 편곡 중심도 블루스 중심도 아닌, 여전히 즉흥성과 멜로디 감각이 살아 있는 연주를 추구했다. 나중에 비밥 혁명을 주도할 디지 길레스피*Dizzy Gillespie*와 찰리 파커*Charlie Parker*도 잠시 이 밴드에 몸담았다는 점에서 하인즈는 스윙에서 비밥으로 연결되는 재즈 역사의 교차로에 서 있었던 셈이라 할 수 있다.

〈Singin' the Blues〉, 빅스 바이더벡

〈In a Mist〉, 빅스 바이더벡

〈I'm Coming, Virginia〉, 빅스 바이더벡

〈Down South Camp Meeting〉, 플레처 핸더슨

〈King Porter Stomp〉, 플레처 핸더슨

〈Sugar Foot Stomp〉, 플레처 핸더슨

〈April In Paris〉, 카운트 베이시

〈One O'Clock Jump〉, 카운트 베이시

〈Jumpin' at the Woodside〉, 카운트 베이시

〈Weather Bird〉, 얼 하인즈

〈Cavernism〉, 얼 하인즈

〈Rosetta〉, 얼 하인즈

대공황
그리고
스윙 재즈

빅밴드 재즈가 시카고와 캔자스시티, 뉴욕의 밤을 화려하게 수놓던 이 시기를 소설가 스콧 피츠제럴드는 '재즈의 시대*Jazz Age*'라 칭했다. 제1차 세계대전 이후 갈 곳 잃은 전 세계의 부(富)가 미국으로 쏠리면서 미국은 새로운 패권 국가로 떠올랐다. 이 찬란한 번영과 함께 미국 도시의 밤은 재즈 선율로 넘쳐흘렀다.

스콧 피츠제럴드의 대표작 『위대한 개츠비』는 바로 이런 시대의 분위기를 충실히 담아낸 작품이다. 소설 속 등장인물들은 재즈가 울려 퍼지는 호화로운 파티 속에서 삶의 덧없음과 화려함을 동시에 만끽한다. 실제로 피츠제럴드와 그의 아내 젤다는 뉴욕 브로드웨이의 극장에서 폴 화이트먼이 이끄는 오케스트라의 연주를 자주 즐겼는데, 이러한 경험은 『위대한 개츠비』 속 장면 장면에 생생히 반영되어 있다.

 〈Three O'Clock In The Morning〉, 폴 화이트먼 오케스트라 

하지만 1929년에 불어닥친 경제 대공황으로 화려했던 재즈 에이지의 1막이 마무리된다. 기업의 연쇄적인 부도로 갑작스러운 대규모 실직 사태가 발생했지만 미국 정부는 제대로 대응하지 못했다. 끝없는 성장 일로를 걸을 거라는 신생 강대국의 꿈에 차가운 찬물이 끼얹어진 셈이다. 이런 엄혹한 경제 환경에서 재즈 역시 타격을 피할 수 없었다. 융성했던 빅밴드는 하나둘씩 해체되었고 일터를 잃게 된 수많은 재즈 뮤지션, 특히 흑인 뮤지션들은 생계를 위해 악기 대신 걸레를 손에 쥐어야 했다.

대공황이 한창이던 1933년, 프랭클린 루스벨트가 미국 제32대 대통령으로 당선된다. 그는 공무원의 비위와 부패, 지하경제의 성장 등 많은 부작용을 낳았던 금주법을 폐지했고, 뉴딜 정책을 시행하여 경제 회복을 꾀했다. 경제 대공황 극복과 뉴딜 정책 간 상관관계에 대해서는 다양한 견해가 존재하고 대공황 극복의 결정적 계기는 제2차 세계대전이라는 것이 정설로 받아들여지고 있지만, 어쨌든 루스벨트 대통령의 집권 이후 미국 경기는 점차 회복세를 보이기 시작한 건 사실이었다.

경기 회복의 바람을 타고 재즈 빅밴드가 부활하며 미국 전역에는 다시금 재즈 붐이 일어났다. 이 시대, 즉 1930년대의 재즈를 흔히 '스윙*Swing*'이라고 부른다. 스윙 재즈의 대중적 인기를 이야기할 때 춤을 빼놓을 수 없다.

재즈 클럽과 함께 다시 떠오른 재즈

뉴욕 할렘가에는 대표적인 재즈 클럽이 있었는데, 지금은 아쉽게도 폐장한 '사보이 볼룸*Savoy Ballroom*'과 아직도 절찬리 영업 중인 '코튼 클럽*Cotton Club*'이다.

사보이 볼룸은 댄스홀로 백인과 흑인 관객이 함께 어울려 스윙 음악에 맞춰 춤을 즐겼던 상징적인 공간이다. 이곳에서 탄생한 유명한 춤 '린디 홉*Lindy Hop*'은 스윙 재즈를 더욱 대중적으로 만드는 데 큰 역할을 했다. 반면 코튼 클럽은 주로 흑인 뮤지션이 연주했으나 관객은 대부분 백인이었다. 듀크 엘링턴 같은 당대 최고의 재즈 뮤지션들이 상주하며 공연을 펼쳤는데, 마치 브로드웨이 쇼를 보는 듯한 고급스럽고 화려한 무대가 유명했다. 이들 재즈 클럽은 스윙 재즈에 맞춰 춤을 추려는 사람들로 매일 밤 북새통을 이루었다고 전해진다.

스윙의 인기로 재즈는 다시 한번 전성기를 맞았다. 뉴욕은 재즈가 판을 키우기에 훌륭한 무대였다. 라디오와 레코드 산업이 음악을 퍼뜨렸고 할렘의 클럽들은 불야성을 이루고 있었다. 막대한 자본력으로 몸집을 키워 오던 재즈 밴드는 '오케스트라'가 어울릴 만큼의 규모와 조직력을 갖추게 되었다. 듀크 엘링턴, 베니 굿맨, 글렌 밀러 같은 인물들이 뉴욕을 본거지로 삼아 본격적인 스윙 시대를 이끌었다. 각자의 스타일, 각자의 사운드로 단순한 유행을 넘어 '스윙'이라는 하나의 체계와 장르를 완성해 나갔다.

듀크 엘링턴

귀족적인 풍채와 예의 바른 태도로 '듀크(공작)'라는 별명으로 불렸던 듀크 엘링턴은 무대를 지휘한 작곡가였고 재즈의 지형을 다시 그린 편곡자였으며 동시에 그 시대 흑인 예술의 품격을 대표한 상징 같은 존재였다. 워싱턴 D.C.에서 태어난 그는 클래식 교육을 받고 피아노를 연주하며 성장했지만 뉴욕 할렘에 발을 들인 이후부터는 자신만의 재즈 언어를 구축해 나갔다. 1927년부터 앞에서 언급한 코튼 클럽 하우스 밴드를 맡으며 엘링턴은 밴드 리더로서 자신만의 음악으로 뉴욕의 밤을 묘사하기 시작했다.

그의 음악은 당대 다른 스윙 밴드와는 결이 달랐다. 춤추기 적당한 재즈가 흥겨움을 전면에 내세우던 시기 엘링턴은 어두운 색채와 무거운 감정을 곡에 녹여냈다. 춤을 추기 위해 단순한 리듬이나 리프를 반복하는 게 아닌, 화성적 실험과 서사 구조를 바탕으로 구성된 작품들이 그의 트레이드마크였다. 그는 연주자 한 명 한 명의 개성을 음악 속에 녹여내며 밴드를 일종의 오케스트라처럼 다뤘다.

엘링턴은 '내 밴드가 곧 나의 악기다'라고 말한 바 있다. 연주자마다의 음색과 개성을 염두에 두고 음악을 디자인했다는 말이다. 트럼펫의 뽐내는 음색, 클라리넷의 그림자 같은 움직임, 트롬본의 농담 같은 연주까지 모두 계산된 구조 안에서 어우러졌다. 이것이 엘링턴이 다른 스윙 밴드와 구분되는 지점이었다.

그는 스스로 '재즈 작곡가'라기보다는 '미국 음악 작곡가'라 칭하며 재즈가 클래식과 같은 대우받기를 바랐고, 결국 성취해 냈다. 듀크 엘링턴 오케스트라가 남긴 수많은 명곡 중 〈Take the A Train 테이크 더 에이 크레인〉은 필수로 들어야 한다. 뉴욕의 지하철 노선과 재즈의 세련된 감성이 절묘하게 맞아떨어진 곡으로 지금 당장 뉴욕행 A열차를 타고 싶은 충동을 느끼게 해준다.

미국 라디오에서 매일 밤 스윙이 흘러나왔던 1930년대 중반, 그 중심에 있던 인물이 바로 베니 굿맨이다. 클래식 교육을 받은 유대계 이민자 출신의 그는 시카고에서 자라나 뉴욕에서 클라리넷 연주자로 두각을 나타냈다. 당시의 대중 감수성과 고급 편곡 스타일을 절묘하게 결합해낸 그의 음악은 세련되고 춤을 즐기기에 훌륭했다. 다루기 까다로운 클라리넷을 중심 악기로 끌어올린 뮤지션이기도 하다.

굿맨의 진짜 전환점은 1935년 LA 파라마운트 극장에서의 공연이었다. 동부에서는 별 반응 없던 그의 밴드가 서부의 젊은이들 사이에서 폭발적인 인기를 얻는다. 이 공연으로 '스윙 시대'가 열린 셈이다. 이후 그는 수많은 전국 투어와 라디오 방송을 통해 재즈를 미국 전역에 퍼뜨리는 데 결정적인 역할을 했다. 굿맨의 이름이 붙은 밴드는 그 자체로 브랜드였고 그의 존재는 스윙을 하나의 문화 현상으로 만든 촉매였다.

그럼에도 그는 스타 연주자에 머무르지 않았다. 실내악 편성의 '베니 굿맨 트리오'와 '쿼텟'은 초기 재즈에서 보기 드물게 흑백 연주자가 함께 무대에 선 사례였다. 특히 피아니스트

테디 윌슨*Teddy Wilson*과 비브라폰 연주자 라이오넬 햄튼*Lionel Hampton*을 기용한 것은 인종 분리가 당연하던 시절에 파격이었다. 인종이 실력보다 앞설 수 없다는 걸 보여준 강력한 선언이라 할 수 있겠다.

굿맨의 클라리넷은 정확하고 명료하다. 기술적으로 완벽한 아티큘레이션*Articulation*•, 여유로운 스윙감, 그리고 순간적으로 쏟아지는 창의적 프레이징*Phrasing*••은 그의 음악을 품격 있는 대중음악으로 만들었다. 그의 빅밴드는 철저하게 계산된 편곡과 탁월한 연주력을 기반으로 하면서도 즉흥연주의 생동감 역시 잃지 않는다. 에어컨 광고 음악으로 유명한 〈Sing, Sing, Sing 싱, 싱, 싱〉은 이성과 감성이 한 치 오차 없이 공존하는, 전형적인 베니 굿맨 스타일의 곡이다. 굿맨 특유의 밝고 가벼운 리듬을 느끼고 싶다면 〈One O'Clock Jump 원 어클록 점프〉를 들어보는 것도 좋겠다.

베니 굿맨은 단순히 시대의 흐름을 탄 것이 아니라 흐름을 만들어냈다. 대중성과 예술성, 구조와 즉흥, 전통과 실험 사이에서 절묘한 균형을 이룬 그의 음악은 여전히 스윙 재즈의 정석이다. '스윙의 왕'이라는 칭호는 오직 그를 위한 것이리라.

• 연속된 선율을 작은 단위로 구분하고 각 음에 의미와 형식을 부여해서 표현하는 기법.
•• 프레이즈를 구분하고 템포, 리듬, 강약 등을 조절하여 표현하는 기법. 비유하자면 아티큘레이션이 음절 하나하나의 발음이나 높이를 재는 거라면 프레이즈는 문장의 단위라고 생각하면 된다.

글렌 밀러

글렌 밀러*Glenn Miller*는 스윙 재즈의 리듬과 멜로디를 가장 정제된 형태로 다듬어 누구나 편안하게 즐길 수 있는 음악으로 만들어냈다. 그의 음악은 즉흥이나 실험보다는 정돈된 멜로디, 세련된 편곡 그리고 대중의 취향에 정확하게 겨냥한 감각으로 완성된다. 어떤 이들은 그를 '팝 재즈'의 선구자라 부르며 비아냥거리기도 하지만 바로 그런 점 때문에 전쟁과 불황 속에서도 미국인에게 가장 사랑받는 소리를 만들 수 있었다. 빅밴드 시대를 대표하는 사운드는 글렌 밀러의 것이었다.

트롬보니스트인 그가 만들어낸 '글렌 밀러 사운드'는 트롬본과 클라리넷, 색소폰이 겹치며 부드럽고 포근하게 흐른다. 이는 무수한 라디오 방송과 레코드를 통해 어느 곳에서든 스윙이 흐르게 만드는 데 결정적인 역할을 했다. 실제로 그의 음악은 마치 하루를 마무리하는 배경음악처럼 들렸고 춤보다 멜로디에 귀를 기울이게 했다. 대표곡 〈In The Mood 인 더 무드〉은 부드럽고 경쾌한 연주로 대중성을 극대화한 빅밴드 스윙 재즈의 진수이다.

1942년, 그는 음악을 접고 미군에 자원입대해 군악대를 조직한다. '글렌 밀러 육군 항공대 밴드'는 특유의 세련된 편곡으로 유럽 전역을 돌며 병사들을 위로했다. 전선의 먼지 속에서도 병사들은 잠시나마 고향을 떠올릴 수 있었다. 전장에서도, 일터에서도, 집안에서도 글렌 밀러의 음악은 안전하고 익숙한 안식처가 되어주었다.

1944년 12월, 유럽 연합군 위문 공연을 위해 비행기에 오른 글렌 밀러는 영국에서 프랑스로 향하는 도중 채널 해협 상공에서 실종된다. 비행기 잔해와 시신이 발견되지 않아 영국군이 실수로 격추한 거라는 등 아이젠하워의 비밀 명령을 받고 첩보활동을 펼치던 중 나치에게 발각되어 암살당했다는 등 여러 의혹이 난무하고 있다. 기상 악화와 기체 결함이라는 말이 가장 신빙성 있어 보이긴 한데, 혹시 궁금하시다면 '신비한 TV 서프라이즈' 글렌 밀러 편을 참고하시길.

스윙 재즈 트랙

〈Take the A Train〉, 듀크 엘링턴
〈Mood Indigo〉, 듀크 엘링턴
〈Cotton Tail〉, 듀크 엘링턴
〈Black and Tan Fantasy〉, 듀크 엘링턴
〈One O'Clock Jump〉, 베니 굿맨
〈Sing, Sing, Sing〉, 베니 굿맨

〈Don't Be That Way〉, 베니 굿맨
〈Stompin' at the Savoy〉, 베니 굿맨
〈In The Mood〉, 글렌 밀러
〈Moonlight Serenade〉, 글렌 밀러
〈Tuxedo Junction〉, 글렌 밀러

 재즈 한 조각 끼워넣기

콜먼 호킨스_Coleman Hawkins_ **VS 레스터 영**_Lester Young_

 〈Body and Soul〉, 콜먼 호킨스 

 〈Lester Leaps In〉, 레스터 영 

재즈를 대표하는 악기인 색소폰. 그런데 테너 색소폰이 지금처럼 중심 악기로 자리 잡기까지는 꽤 긴 시간이 필요했다. 초창기 재즈에서 색소폰은 클라리넷이나 트럼펫에 밀려 조연에 가까운 존재였다. 이 분위기를 정면으로 바꿔놓은 사람이 바로 '테너 색소폰의 아버지'라고 불리는 콜먼 호킨스! 그는 테너 색소폰으로도 아주 깊고 풍성하고 리드미컬한 연주가 가능하다는 걸 직접 보여줬다.

콜먼 호킨스의 대표작은 단연 1939년 발표한 〈Body and Soul〉이다. 멜로디보다는 즉흥 연주가 중심이 되는 연주곡임에도 지루하지 않다. 오히려 그 즉흥 속에 숨어 있는 감정과 긴장, 흐름에 빨려 들어간다. 그는 이 곡으로 색소폰도 주연으로 활약할 수 있음을 명징하게 보여줬다.

콜먼 호킨스

레스터 영

호킨스는 플레처 핸더슨 오케스트라에서 활동하며 이름을 알렸고 이후엔 유럽 무대로까지 활동을 넓혔다. 유럽 최고의 기타리스트 장고 라인하르트●와 협연할 정도로 일찌감치 국제 무대에서도 주목받았다. 비밥 시기에는 디지 길레스피, 델로니어스 몽크와도 협연하며 시대 흐름을 거부하지 않았다. 변화에 열려 있는 완벽주의자, 바로 호킨스였다.

반면 전혀 다른 길을 걸어간 인물이 있다. 레스터 영이다. 그는 콜먼 호킨스의 반대편에서 전혀 다른 스타일로 테너 색소폰의 새 길을 열었다. 호킨스가 굵고 육중한 톤으로 밀고 나갔다면, 레스터는 가늘고 부드러운 소리로 감정을 과장하지 않고 속삭이듯 표현했다. 나지막이 읊조리는 듯한 부드러운 연주는 동시대 뮤지션에 의해 '쿨하다'라는 말로 표현됐다. 쿨 재즈라는 말이 본격적으로 등장하기 전부터 레스터는 이미 '쿨'을 연주하고 있었던 셈이다.

● 벨기에 출신의 전설적인 집시 기타리스트로 두 손가락만으로 연주하는 독창적 테크닉과 집시 스윙(Gipsy Swing) 스타일로 재즈 기타의 새로운 지평을 열었다.

레스터 영은 카운트 베이시 오케스트라를 통해 본격적으로 주목받았다. 무대 위에서도 늘 고개를 옆으로 돌린 채 연주할 정도로 내향적이고 조용한 사람이었지만 그의 연주에는 사람의 마음을 끌어들이는 무언가가 있다. 거칠게 말하지 않아도 강하게 소리치지 않아도 그의 마음에 귀를 기울이게 한다. 여백을 두고 멜로디를 스케치하듯이 그리는 연주가 그의 스타일이었다.

이 둘은 같은 테너 색소폰을 연주했지만, 연주를 통해 말하는 방식은 전혀 달랐다. 그래서 이 둘을 비교하는 일은 단순한 스타일의 차이를 넘어 재즈라는 언어의 다양성을 보여주는 좋은 예가 된다. 만약 테너 색소폰이 하나의 도시에 비유한다면 콜먼 호킨스는 도시를 관통하는 큰 도로를 뚫은 사람이고 레스터 영은 골목과 뒷길을 만들어낸 사람이라고 할 수 있을 것이다. 경로와 방식은 서로 달랐지만 이 두 전설적인 뮤지션 덕분에 색소폰이라는 도시는 훨씬 커졌고 다채로워졌다.

실제로 둘은 서로를 신경쓰지 않았다는 말도 있지만 팬들과 평단은 이 둘을 끊임없이 비교했다. 스윙 시대의 색소폰은 '호킨스 파VS레스터 파' 이렇게 두 갈래로 나뉘어 진행되었고, 그 대립과 공존은 오늘날까지도 살아 있다. '백견이 불여일문'이라는 말이 있다(실은 방금 만든 말입니다만). 콜먼 호킨스를 대표하는 연주곡 〈Body and Soul〉과 레스터 영의 부드럽고 유려한 테너 색소폰 스타일을 맛볼 수 있는 〈Lester Leaps In〉을 듣고 두 연주자의 차이를 직접 경험해보시길. 재즈 듣는 귀가 확 뚫리는 경험을 할 수 있을 것이다.

스스로 재즈 학습 ②

주제	시카고와 캔자스시티 그리고 스윙 재즈		
활동명	내 삶에 스윙 재즈 들이기		
날짜		나의 점수는	★☆☆☆☆

1. 여러분이 생각하는 재즈의 이미지는 어떤 것입니까? 뮤지컬 〈시카고〉에서 흘러나오는 〈All That Jazz〉와 빅스 바이더벡의 연주곡 〈In a Mist〉를 각각 들어보며 내가 생각하는 재즈에 가까운 곡은 무엇인지 생각해 봅시다.

2. 〈Jumpin' At The Woodside〉이라는 같은 곡을 연주한 흑인 리더 카운트 베이시와 백인 리더 베니 굿맨의 스윙 재즈 연주를 듣고 느낀 심상을 괄호 안에 카운트 베이시는 B, 베니 굿맨은 G로 표시해 보고 여러분의 느낌이 어땠는지 키워드로 적어 봅시다.

〈Jumpin' At The Woodside〉	
카운트 베이시	베니 굿맨
진중함 (　　　)	가벼움 (　　　)
귀가 간질간질 (　　　)	고개가 까딱까딱 (　　　)
스파클링 와인이 생각나는 (　　　)	레몬에이드의 상큼함이 연상되는 (　　　)
내 느낌은… #	

♥수고하셨습니다♥

모던 재즈의 시대로,
비밥

영원할 것만 같던 스윙 재즈의 시대도 전쟁의 포화를 비켜 가진 못했다. 제2차 세계대전의 발발과 미국의 참전으로 자중이 요구되던 사회 분위기는 화려하고 향락적인 재즈와 어울리지 않았다. 급기야 전시 체제에 들어서면서 국가로부터 막중한 세금 납부를 요구받은 많은 재즈 클럽은 문을 닫거나 규모를 축소할 수밖에 없었다. 자의 반 타의 반으로 군에 입대하는 뮤지션이 생기는 바람에 단원을 충원하는 것에도 어려움을 겪었으니, 빅밴드를 유지하기란 여간 힘에 부치는 일이 아니었다. 그러다 보니 일부를 제외하고 재즈 빅밴드는 대부분 해산의 길을 걷게 된다.

반면 스윙의 왕이라고 불리던 베니 굿맨이나 춤추기 딱 좋은 선율로 인기를 끌던 글렌 밀러의 밴드는 미국 연방과 대기업의 전폭적인 지원으로 미국 전역, 나아가 세계 여기저기로 순회공연을 돌며 공연할 수 있었다. 재즈가 유럽에 알려진 것도, 미국인을 비롯한 세계인들에게 '재즈=미국의 음악'이라는 인식이 강하게 생기게 된 것도 이때부터이다.

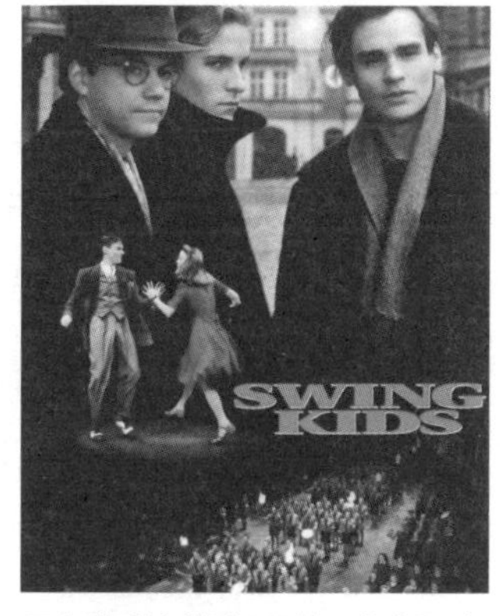

포스터에서 살짝 보이는 남녀 주인공의 춤이 '린디 홉'이다.

영화 〈스윙 재즈*Swing Kids*〉(1993)에서는 재즈를 '엔타르테트 뮤지크*Entartete Musik*(퇴폐 음악)'으로 규정한 나치 정부가 우려(를 넘어선 분노)를 보이며 스윙 재즈에 맞춰 춤을 추는 독일 젊은이들을 탄압하는 모습을 보여준다. 히틀러와 괴벨스가 재즈라면 치를 떨었다네요, 글쎄…. 어쨌든 독일도 재즈라는 광풍에 비켜 갈 수 없었다.

제2차 세계대전의 막이 내리면서 침체의 길을 걷던 빅밴드 재즈도 정상화될 것으로 기대됐다. 그러나 이 시기 '비밥*Bebop*'이라는 형태로 변모할 준비를 마친 재즈는 다시 스윙 재즈로 돌아가는 길을 선택하지 않았다.

스윙 재즈는 '대중음악=재즈'라고 인식할 정도로 1920~1940년대 미국의 대표적인 대중음악이었다. 지금 세계인들이 'K-POP=아이돌 음악'이라고 인식하는 것처럼 말이다. 그 시절 재즈는 춤을 위한 연주곡으로써 소비되었고, 흑인 연주자들은 예술가라기보다 춤판을 위해 연주하는 기능인으로서 대우받았다.

앞서 소개한 코튼 클럽을 비롯한 당시 대부분의 클럽은 흑인 관객은 출입을 금지시켰다. 흑인의 음악을 흑인 연주자가 연주하는 공연에 흑인이 입장할 수 없는 아이러니가 아무렇지 않게 벌어지던 시기였다. '우리는 그저 백인의 춤을 위한 배경음악이나 연주하는 도구인 건가?', '과연 이것이 내가 원하는 음악인가?' 하는 뮤지션으로서의 정체성에 관한 질문을 던지며 연주자들은 뉴욕 브로드웨이 52번가로 모이기 시작한다.

그곳은 매일 밤 뮤지션 각각의 개성이 담긴 재즈가 만들어지는, 일종의 재즈 아틀리에였다. '오직 연주자를 위한 재즈'에 대한 수요가 52번가에 있는 '민튼스 플레이 하우스*Minton's Play House*'● 같은 재즈클럽에서 '비밥'이라는 새로운 재즈 장르를 만들어내게 된다.

● 1940년 헨리 민튼이 뉴욕 할렘에 연 클럽으로 찰리 파커, 디지 길레스피, 델로니어스 몽크, 버드 파웰 등이 모여 비밥을 실험한 공간이었다. 1974년 문을 닫았다가 2006년 재개장해 재즈 클럽 전통을 이어가고 있다. 비밥의 발상지이자 뉴욕 클럽 문화의 상징이다.

뮤지션의 정체성에 대한 대답, 비밥

연주자들은 감상자가 아닌 연주자 자신이 즐거운 음악을 만들기 시작했다. 그들은 재즈가 '듣기 위한 음악'이 아니라 '연주하기 위한 음악'이 되길 원했다. '이해받기 위한 음악'이 아니라 '도달해야 하는 음악'이 되길 원했다. 연주는 빨라졌고 화성은 복잡해졌으며 멜로디는 예측할 수 없게 뒤틀렸다. 단순한 4분음표 대신 16분음표와 셋잇단음이 쉴 새 없이 튀어나왔고 드럼의 악센트는 엇박자로 어긋났다. 천편일률적인 스윙의 구조 안에서 억눌렸던 창의력은 52번가의 잼 세션을 통해 해방되었고, 비밥은 점점 그들만의 리그가 되어 갔다. 어려운 음악에 대중은 고개를 까웃거렸고, 연주자들은 그 어리둥절한 표정을 즐기기라도 하듯 더 고차원의 음악을 향해 나아갔다. 철저한 연습 없이는 연주조차 불가능한 비밥은 이제 기능인이 아닌 예술가로 인정받겠다는 일종의 선언이었던 셈이다.

그렇게 비밥의 시대에 들어서면서부터 재즈는 대중성과는 슬슬 작별하게 된다. 스윙 재즈와는 여러모로 다른 길을 걷게 되는 비밥 그리고 비밥에 영향받은 쿨 재즈, 하드밥 재즈를 묶어서 '모던 재즈*Modern Jazz*'라고 부르는 것은 비밥이 재즈의 방향을 완전히 바꿨다는 인식을 반영한 것일 테다.

비밥은 음악뿐 아니라 태도, 심지어 외모까지 바꾸었다. 디

'힙스터'라고 불리던 디지 길레스피

지 길레스피의 뿔테 안경과 각진 트럼펫, 몽크의 비뚤어진 모자와 염소수염은 단순한 개성 표현이 아니었다. 그건 곧 '비밥스럽다'는 말과 같은 뜻이었다. 이들을 따라다니던 팬들과 젊은 뮤지션들 사이에서는 '힙스터*Hipster*'라는 말이 등장하기 시작한다. 요즘에 쓰이는 힙스터가 실은 1940년대에 쓰였던 단어! 재즈를 사랑하고 남들과는 다르게 살고 싶었던 사람들, 재즈를 듣는 것도 멋이지만 재즈처럼 보이는 것 또한 중요했던 사람들, 힙스터의 시작은 비밥이었다.

찰리 파커

'버드*Bird*'라는 애칭으로 불리는 비밥의 상징적 뮤지션. 스윙 시대의 색소폰 주자의 양대 거목 콜먼 호킨스와 레스터 영의 연주 스타일을 모두 흡수하여 비밥이라는 새로운 형태로 빚어냈다.

1910년대 말, 미국 미주리주 캔자스시티에서 태어난 그는 어린 시절부터 알토 색소폰을 불며 음악에 빠져들었고, 1930년대 후반 뉴욕으로 건너와 진짜 무대를 만나게 된다.

그러나 당대 재즈계에서 그가 겪은 건 무대보다 무시였다. 너무 빠르고 너무 어렵고, 무엇보다 너무 다르게 들리는 그의 연주는 재즈가 아니라며 쉽게 받아들여지지 않았다.

하지만 찰리 파커는 멈추지 않았다. 오히려 더 자신만의 속도로 달렸다. 1942년 디지 길레스피와 함께 했던 세션에서 그동안의 스윙과는 전혀 다른, 새로운 음악을 시도한다. 즉흥 연주는 더 자유로워졌고 리듬은 더 분절되었으며 화성은 복잡하게 꼬였다. 이 새로운 스타일은 곧 '비밥'이라는 이름을 얻게 된다.

당시 클럽 무대에서는 '비밥이냐, 아니냐?'가 뮤지션의 자격을 가를 정도였다. 비밥은 하나의 혁명이었고, 찰리 파커는 그 중심에 있었다. 그의 연주는 기술적인 면에서 한 세대는 앞서 있었다. 하지만 진짜 놀라운 건 그의 감각이다. 파커는 연주할 때마다 경이로운 창의력으로, 즉흥적으로 만들어냈다고 믿기 어려운 프레이즈를 수없이 생산했고 어떤 곡도 같은 방식으로 반복하지 않았다. 그의 프레이즈를 꼭꼭 씹어 연구하는 게 후대 재즈 연주자라면 당연히 거쳐야 할 과정이 될 정도. 이처럼 유동적이고 예측 불가능한 연주는 그의 매력이었지만 동시에 대중과의 거리는 더 멀어져간 것 또한 사실이다.

1955년, 찰리 파커는 34세라는 젊은 나이에 세상을 떠났다. 의사는 그의 시신이 60대 중반으로 착각할 정도였다고 한다. 이 때문에 심각한 마약 및 알코올 중독으로 스스로를 파괴한 천재라는 평을 듣는다. 그러나 그가 남긴 유산은 수많은 재즈 뮤지션의 나침반이 되었다. '재즈는 무엇인가?'라는 질문 앞에서 많은 이들이 비밥의 창시자, 아니 비밥 그 자체였던 찰리 파커의 음반을 꺼낸다.

찰리 파커에 관해 더 자세히 알고 싶다면 그의 음악적 성취와 비극적인 일생을 사실적으로 다룬 영화 〈버드*Bird*〉(1988)를 추천한다.

디지 길레스피

버드와 더불어 비밥을 창시했다고 불리는 명 트럼페터. 볼록하게 부푼 볼과 위로 치솟은 벨(나팔 부분)의 트럼펫이 그의 트레이드마크이다. 위로 꺾인 트럼펫 벨은 실은 실수로 만들어진 것이었다. 어느 날 공연 중 악기가 부러졌는데, 그 소리가 의외로 더 좋게 들렸다는 이유로 아예 그 모양을 고수하게 된 것이다. 이런 일화는 디지의 인생을 잘 보여준다. 우연도 자신의 것으로 만드는 사람. 장난기 넘치고 유머러스하지만, 음악 앞에서는 누구보다 진지한 장인.

1917년, 사우스캐롤라이나의 가난한 흑인 마을에서 태어난 길레스피는 어릴 적부터 음악에 푹 빠져 있었고, 특히 재즈라는 장르가 주는 자유로움에 매료됐다. 하지만 그는 평범한 뮤지션에 머물고 싶지 않았다. 그에겐 재즈의 미래를 열고 싶은 야망이 있었다. 그리고 그 꿈은 뉴욕의 클럽 '민튼스 플레이 하우스'에서 이루어진다. 찰리 파커와 함께.

두 사람은 거의 매일 밤 클럽에 모여 연주를 주고받았다. 복잡하게 꼬아놓은 코드 진행, 쉴 틈 없는 템포, 예측 불가능한 즉흥연주. 연주자 스스로 몰입하고 탐험하는 음악, 비밥이 탄생한 것이다. 이 과정에서 디지는 연주뿐만 아니라 작곡과 편곡에서도 천재성을 발휘했다. 〈Salt Peanuts 솔트 피넛츠〉, 〈Groovin' High 그루빈 하이〉, 〈Woody'n You 우디 앤 유〉 같은 곡들은 비밥의 정수를 담고 있다.

디지는 멈추지 않고 재즈의 지평을 넓히고자 했다. 그러던 중 쿠바 출신의 타악기 주자 차노 포조*Chano Pozo*를 만나 함께 〈Manteca 만테카〉라는 곡을 만들어낸다. 쿠바 전통 리듬과 비밥의 즉흥성이 만난 이 음악은 그야말로 혁신이었다. 이 협업은 훗날 '아프로큐반 재즈'라는 하위 장르로 정착하게 된다.

그는 정치적, 사회적 활동에도 열심이었다. 냉전 시대에는 국무부의 문화 외교 프로그램의 하나로 세계 곳곳을 순회하며 미국 재즈를 알리는 '재즈 대사' 역할도 수행했다. 특히 중동과 아프리카 등지에서의 공연은 단순한 연주를 넘어 문화적 대화였다. 재즈는 이미 미국의 음악을 넘어서 세계와 소통하는 언어가 되어가고 있었다. 디지는 그 흐름의 선두에서 재즈를 '글로벌'하게 만든 인물이었다.

삶의 말년까지 그는 장난기 가득한 미소와 날카로운 트럼펫 톤을 유지한 채 무대에 올랐다. 재즈 연주자이자 작곡가였고, 개척자이자 외교관이었던 디지. 찰리 파커가 재즈의 정신이라면 그는 비밥의 정신을 세계로 전파한 전도사라고 할 수 있다.

델로니어스 몽크

불협화음을 적극적으로 활용한 독창적인 곡을 다수 작곡한 피아니스트. 연주를 최대한 절제하고 극단적으로는 아예 연주하지 않는 방식의 즉흥연주를 보여준다거나 같은 음을 타악기처럼 반복하여 두드리는 독특한 주법으로 비밥계 이단아로 불린다. 모든 재즈 피아니스트가 델로니어스 몽크*Thelo-*

*nious Monk*를 흉내 내고 싶어 하지만 그 누구도 진짜 몽크처럼 칠 수는 없다. 이유는 간단하다. 그건 기교의 문제가 아니라 사고방식의 문제니까. 그는 악보가 아니라 생각 자체를 다르게 한 사람이었다.

노스캐롤라이나에서 태어나 뉴욕 할렘에서 자란 몽크는 어릴 때부터 피아노에 푹 빠져 있었다. 남들처럼 교본을 따라 연습하지도 않았고, 조용히 레슨을 받지도 않았다. 피아노는 그에게 말이고 사고방식이었다. 그리고 그 사고는 비밥이 싹트던 시기, 뉴욕 민튼스 플레이하우스에서 터져 나온다. 찰리 파커, 디지 길레스피, 버드 파웰*Bud Powell*과 함께 '민튼스 사총사'라 불렸는데, 몽크는 그중에서 가장 낯설고 엉뚱한 연주를 했다.

몽크의 연주는 언제나 비켜난다. 멜로디는 헐겁고 박자는 어딘가 흔들린다. 손가락으로 건반을 누르기보다 두드리는 듯하고 때론 몇 박자 동안 건반에서 손을 떼고 가만히 있는 시간도 있다. 몽크의 대표곡 〈'Round Midnight 라운드 미드나이트〉를 들어보자. 몽크만의 강렬한 타건과 공백, 독특한 연주 스타일은 대중에게 이해받기 어려웠다. 피아노를 제대로 못 치는 피아니스트는 말이 따라다녔고 한동안 무대에도 잘 서지 못한 적도 있었다. '저게 재즈냐'라는 혹평을 받기도 했다.

그러나 여기서 반전이 있었으니. 전쟁 이후의 보수적 분위기에 반발하던 제2차 세계 대전을 겪고 성장한 1950년대 중

반의 '비트 세대*Beat Generation*'가 몽크의 반정통적 태도에 열
광하기 시작한 것이다. 전통을 무시한 불협화음, 과감한 침묵,
기이할 정도로 단순한 반복은 당시 젊은 예술가들에겐 억눌
린 시대의 틀을 깨부수는 해방의 사운드로 들렸다. 그의 음악
은 이해하기 쉽진 않았지만 '뭔가 다르다'라는 것 하나로도
충분히 매혹적인 시대였다. 그런 의미에서 몽크는 음악가 이
상의 존재로 '재즈는 듣는 것이 아니라 느끼는 것'이라는 말
에 가장 잘 어울리는 뮤지션으로 자리매김하게 된다.

버드 파웰

찰리 파커가 쓴 재즈의 문법
을 피아노로 번역한 사람이라
불리는 비밥 피아니스트. 찰리
파커와 디지, 몽크와 함께 민튼
스 플레이 하우스를 오가던 그
는 피아노로 색소폰처럼 연주
할 수 있다는 걸 몸소 보여줬다.
빠르고 복잡하게 쏟아지는 그의
즉흥연주는 당대 어느 악기보다도 비밥의 언어에 가까웠다.

어린 시절부터 클래식 음악에 빠져 있었던 파웰은 드뷔시,
쇼팽, 라벨 같은 클래식 작곡가들을 좋아했고, 그것들이 훗날
그의 비밥에도 스며들게 된다. 10대 무렵에는 아트 테이텀*Art*

Tatum●의 초인적 연주에 충격을 받고 그 기교를 흡수하기 시작했고 여기에 멜로디와 화성을 나눠 다루는 그만의 스타일을 더해 비밥 스타일을 완성해 나갔다. 파웰은 민튼스 플레이하우스를 중심으로 디지 길레스피, 찰리 파커 등과 잼 세션을 나눴고, 피아노로 비밥의 언어를 말하기 시작했다. 파웰의 창의적이고 기술적인 연주를 듣고 싶다면 〈Un Poco Loco 언 포코 로코〉에서 확인할 수 있다.

하지만 그의 삶은 평탄하지 않았다. 1945년, 경찰에게 폭행을 당해 머리를 크게 다친 뒤로 정신 질환에 시달렸다. 입원과 전기충격 치료, 약물과 알코올 문제까지 겹쳤다. 무대에서 자리를 뜨거나 연주를 멈추는 일도 잦았다. 1960년대에 이르러 파리로 거처를 옮겨 활동을 이어갔지만 악화된 건강은 회복되지 않았고 결국 뉴욕으로 돌아온 다음 해인 1967년, 마흔셋의 나이로 생을 마감한다.

버드 파웰은 짧고 거친 생을 살았지만 그가 남긴 연주는 이후 재즈 피아니스트의 출발점이 되었다. 빌 에반스, 허비 행콕 *Herbie Hancock*, 키스 자렛*Keith Jarrett* 등 재즈 피아노를 대표하는 피아니스트라면 누구도 파웰을 건너뛸 수 없었다. 그들에게 파웰은 재즈 피아노의 기준이었다.

● 미국의 전설적인 재즈 피아니스트로 시각장애가 있었지만 믿기 어려운 기교와 속주, 화성 감각으로 동시대 뮤지션은 물론 후배 피아니스트에게도 지대한 영향을 끼쳤다.

비밥 재즈 트랙

〈Donna Lee〉, 찰리 파커

〈Ornithology〉, 찰리 파커

〈Ko-Ko〉, 찰리 파커

〈A Night In Tunisia (feat. Charlie Parker)〉, 디지 길레스피

〈Salt Peanuts〉, 디지 길레스피

〈Manteca (with Chano Pozo)〉, 디지 길레스피

〈'Round Midnight〉, 델로니어스 몽크

〈Blue Monk〉, 델로니어스 몽크

〈Ruby, My Dear〉, 델로니어스 몽크

〈Un Poco Loco〉, 버드 파웰

〈Bouncing with Bud〉, 버드 파웰

〈Celia〉, 버드 파웰

스스로 재즈 학습 ③

주제	모던 재즈의 시대로 가자, 비밥	
활동명	비밥의 삶에 들이기	
날짜	나의 점수는	★☆☆☆☆

1. 비밥 재즈 트랙이 흐르는 여기는 1940년대 뉴욕 민튼스 플레이 하우스입니다. 여러분의 눈앞에 힙스터, 민튼스 4총사가 연주를 시작했습니다. 이들 중 덕질하고 싶은 뮤지션은 누구입니까?

   ① '버드'라고 불리던 천재 찰리 파커
   ② 볼록한 볼 마저 악기가 되는 트럼펫터 디지 길레스피
   ③ 불협화음도 힙해 보이는 델로니어스 몽크
   ④ 재즈 피아니스트의 기준 버드 파웰

2. 베니 굿맨의 〈Sing, Sing, Sing〉처럼 춤을 추며 재즈를 흥겹게 즐기던 사람들이 찰리 파커의 〈Donna Lee〉을 처음 들었을 때 어떤 느낌이 들었을지 생각해 봅시다. 여러분은 어떤가요?

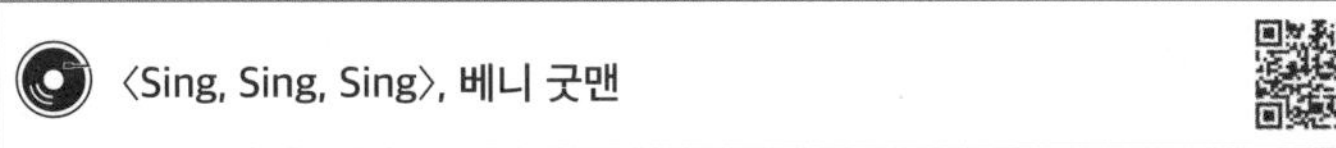

3. 여러분의 하루를 피아노로 즉흥연주를 한다면 델로니어스 몽크의 〈Round Midnight〉 또는 버드 파웰의 〈Un Poco Loco〉 중 어느 쪽이 더 가까울까요?

♥수고하셨습니다♥

서부는 쿨,
동부는 하드밥

재즈의 역사를 직접 써 내려간 위대한 재즈 연주자 마일스 데이비스는 1949년부터 1950년 사이, 편곡의 귀재 길 에반스*Gil Evans*●, 알토 색소폰의 리 코니츠*Lee Konitz*, 바리톤 색소폰의 게리 멀리건*Gerry Mulligan*●● 같은 백인 뮤지션과 함께 《Birth of the Cool 버스 오브 더 쿨》이라는 앨범을 녹음한다. 이 앨범은 이름 그대로 '쿨 재즈'의 탄생을 알리는 신호탄이 된다. 당시 미국에서는 미래를 상관하지 않고 현재를 즐기는 '쿨'한 사고

● 캐나다 출신의 재즈 피아니스트이자 편곡가. 마일스 데이비스와 함께 여러 앨범을 공동 작업하며 쿨 재즈와 서사적인 재즈 편곡의 지평을 넓혔다. 오케스트레이션 감각이 뛰어나 빅밴드와 현대음악의 경계를 허물며 재즈 편곡의 새로운 기준을 세운 인물이다.

●● 미국의 바리톤 색소폰 연주자이자 작곡가. 마일스 데이비스와 함께 《Birth of the Cool》 세션에 참여하며 쿨 재즈의 대표 주자로 떠올랐고 이후 쳇 베이커와의 피아노 없는 쿼텟으로도 유명해졌다.

가 유행했다. 전쟁 후 침잠한 미국 사회에 대한 반항으로 시작된 '쿨'이 자유분방한 비밥을 만나 쿨 재즈라는 새로운 장르로 자리 잡게 된 것이다.

'쿨 재즈' 하면 흔히 미국 서부, 특히 캘리포니아를 연상하지만 정작 이 앨범은 뉴욕에서 만들어졌다. 그럴듯하게 말하자면 동부에서 뿌려진 쿨 재즈라는 씨앗이 서부에서 꽃을 피운 셈이랄까? 전쟁 이후 호황을 누리던 서부의 여유롭고 한가한 분위기에 캘리포니아를 비롯한 아름다운 해변과 온화한 날씨는 가볍고 로맨틱한 쿨 재즈와 잘 어울렸다.

쿨 재즈의 시작은 동부의 거목, 마일스 데이비스였으나 그의 밴드에서 함께 활동한 개리 멀리건 같은 백인 재즈 뮤지션에 의해 주로 연주되었다. 클래식을 공부했던 데이브 브루벡 *Dave Brubeck*은 색소폰 연주자 폴 데스몬드*Paul Desmond*와 함께 《Timeout 타임아웃》이라는 앨범을 녹음하고 미국 대학 캠퍼스 순회공연을 펼쳤다. 이때 데이브 브루벡 쿼텟의 캠퍼스 순회공연은 음침한 골목, 담배와 위스키가 섞인 묘한 냄새를 풍기는 어두운 지하를 떠올리게 하는 재즈의 퇴폐적인 이미지를 쇄신하는 데 큰 역할을 한다.

쿨 재즈의 유행으로 흑인 재즈 뮤지션들은 나쁜 기억을 떠올리게 된다. 뉴올리언스 재즈를 '딕시랜드 재즈'라는 브랜드로 포장해 더 좋은 대우를 받았던 백인의 행각을 잊지 않았다. 조금 우스운 일일 수 있으나 흑인 재즈 거장으로서 자존감을 지키려던 당시 흑인 빅밴드 리더는 '듀크 엘링턴'이나 '카운트 베이시'처럼 이름에 '듀크(공작)'나 '카운트(백작)'를 붙여 스스로에게 귀족 작위를 부여하곤 했다. 하지만 정작 대중은 '스윙의 왕'이라는 호칭을 백인인 베니 굿맨에게 붙였다. 이런 씁쓸한 대중의 반응도 기억하는 흑인들은 쿨 재즈라는 음악적 성취를 백인들이 훔쳐 가는 일이 다시 반복될 수 있다는 위기의식을 상기시켰다. 그들은 이 사태를 두고 볼 수 없었다.

이런 위기의식 속에서 '하드밥*Hard Bop*'이 탄생하게 된다. 비밥보다는 더 대중적인 멜로디와 비트, 덜 복잡한 프레이즈로 꾸려진 즉흥연주로 비밥의 대중화를 위해 힘쓴다. 아트 블레이키라는 재즈 드러머가 이끄는 '아트 블레이키 재즈 메신저스'는 그 이름처럼 선봉에 서서 하드밥 재즈를 대중에게 알렸다. 비밥의 강렬함은 유지한 채 듣기에는 더 편한 재즈가 바로 하드밥.

쿨 재즈는 미국 서부에서 유행했다고 해서 '웨스트 코스트 재즈*West Coast Jazz*'로, 서부에 비해 흑인 뮤지션이 많았던 동부를 중심으로 연주된 하드밥은 '이스트 코스트 재즈*East Coast Jazz*'라고 불리기도 했다. 둘 사이에 직접적인 마찰이 있었던 건 아니었지만 이 명칭을 들으면 왠지 투팍*2pac*과 노토리어스 비아이지*The Notorious B.I.G.*라는 걸출한 두 랩퍼의 사망으로 끝난 1990년대 '웨스트 코스트 힙합'과 '이스트 코스트 힙합' 간의 갈등을 떠올리게 한다. 재즈도 힙합도 그렇고 미국 서부와 동부 간의 문화와 정서가 얼마나 다른지 실감하게 된다. 미국 대륙이 정말 크긴 큰가 봅니다.

마일스 데이비스

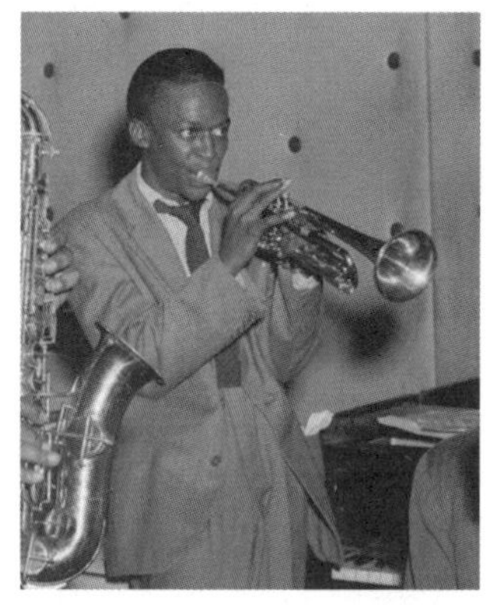

재즈의 역사를 직접 써 내려 간 진정한 전설, 마일스 데이비 스. 줄리아드 음대를 중퇴하고 '비밥의 아버지' 찰리 파커의 곁 에서 트럼펫을 불던 풋내기 시 절의 마일스는 곧 자신의 색깔 을 찾아 독자적인 길을 걷기 시 작한다. 감정을 폭발시키는 파 커와는 달리 마일스는 차분하면서도 절제된 선율로 쿨한 재 즈를 꿈꿨다.

그의 첫 번째 굵직한 발자국이 바로 쿨 재즈다. 그 시작을 알린 《Birth of the Cool》은 단순히 새로운 사운드의 시작만 이 아니라 재즈가 더 넓은 가능성으로 확장될 수 있음을 보 여준다.

누구보다 '뜨거운 피'를 지닌 사내가 만들어낸 '차가운 음 악', 마일스는 그렇게 재즈의 온도를 조절하며 또 하나의 시 대를 열었다. 그 이후에도 마일스는 하드밥, 모달 재즈, 퓨전 재즈에 이르기까지 매번 새 시대의 문을 열며 재즈의 지형을 뒤바꾸었다. 앞으로도 자주 만나게 될 거장이니 미리 안면을 터두자.

빌 에반스

서정적인 연주와 감수성으로 '재즈계의 쇼팽'이라 불리는 피아니스트. 클래식에 뿌리를 둔 섬세한 코드 구성과 자유로운 화성 진행으로 정평이 나 있다. 그럼에도 그의 음악은 결코 어렵게 들리지 않는다. 차갑기보다는 따뜻하고, 논리적이기보다는 감성적이다. 눈을 감고 그의 연주에 귀를 기울이면 별이 반짝이는 밤하늘 속으로 빨려 들어가는 듯한 황홀경에 빠진다. 가장 사랑받는 그의 대표작 〈Waltz For Debby〉는 조카 데비를 위해 만든 곡으로 서정적인 멜로디와 따뜻한 터치가 인상적이다.

그의 연주 경력 중 가장 찬란하게 빛나는 시기는 1959년 결성된 '빌 에반스 트리오'다. 드러머 폴 모티안*Paul Motian*과 베이시스트 스콧 라파로*Scott LaFaro*와 함께한 이 트리오는 기존의 피아노 트리오 문법을 완전히 바꾸어 놓았다. 과거에는 베이시스트가 단지 '저음을 깔아주는 역할'에 머물렀다면, 이

트리오에서 라파로는 이를 뛰어넘어 마치 또 하나의 리드 악기처럼 자유롭고 창의적으로 연주했다. 드럼도 섬세하고 다채로운 색채감을 더해주었다. 세 악기가 서로 주고받으며 대화하듯 연주하는 방식은 오늘날 수많은 트리오에 지대한 영향을 끼쳤다. 특히 뉴욕 빌리지 뱅가드에서의 라이브 앨범 《Sunday at the Village Vanguard 선데이 앳 더 빌리지 뱅가드》은 명반 중의 명반이다. 하지만 안타깝게도 이 앨범을 녹음한 지 불과 열흘 뒤 스콧 라파로가 교통사고로 세상을 떠나며 전설은 짧은 생을 마감하게 된다.

재즈 감상을 위한 팁 하나, 빌 에반스의 이름을 딴 재즈 클럽 '에반스'가 서울 홍대 앞에 자리하고 있다. 그의 음악처럼 잔잔하지만 깊은 울림이 있는 공간이니 언젠가 그 근처를 지날 일이 있다면 슬쩍 발걸음을 옮겨보는 것도 좋겠다.

쳇 베이커

쳇 베이커는 말보다 여백이 많은 뮤지션이었다. 부드럽고 담백한 트럼펫 톤, 가늘고 가라앉은 보컬 그리고 어딘가 멍하니 떠 있는 듯한 연주 분위기. 화려함보다는 절제를 택했고 빠른 솔로보다는 나른한 감정선을 길게

끌어갔다. 특히 보컬은 그 시대 어떤 남성 재즈 싱어보다도 섬세했다. 속삭이는 듯한 창법은 듣는 사람의 마음을 조용히 건드린다.

그는 쿨 재즈의 대표주자였다. 마일스 데이비스가 동부에서 쿨 재즈를 만들고 있을 때 쳇은 캘리포니아 햇살 아래 느긋한 리듬과 단순한 멜로디로 서쪽의 감성을 연주했다. 트럼펫과 보컬 모두 과하지 않음을 미덕으로 삼았고 그 안에 감정을 숨기듯 담아냈다. 대표곡 〈My Funny Valentine〉은 그 특징이 가장 잘 드러나는 곡이다.

단정한 외모와 무심한 분위기 덕분에 그는 '재즈계의 제임스 딘'으로 불렸다. 수많은 여성 팬의 열렬한 호응으로 그는 단숨에 스타가 되었지만 마약 중독으로 경력은 급락했고 연주조차 불가능한 상태까지 내몰리기도 했다. 에단 호크 주연의 영화 〈본 투 비 블루〉(2014)를 통해 그의 비극적인 삶을 엿볼 수 있다.

1988년, 58세의 쳇 베이커는 암스테르담의 한 호텔 창문에서 추락해 사망했다. 사고인지 자살인지 정확한 경위는 지금도 명확히 밝혀지지 않았다. 그가 사망한 호텔 벽엔 작은 트럼펫 문양이 새겨져 있다. 그가 세상을 떠난 후에도 그의 음악은 여전히 유효하다는 듯이.

데이브 브루벡

클래식을 기반으로 한 작곡과 연주로 '스윙 없는 재즈'를 선보였다는 평가를 받는 피아니스트. 데이브 브루벡은 기존 재즈의 틀을 깨고, 흔히 쓰이지 않던 5/4박자, 9/8박자 같은 이색적인 리듬을 재즈에 과감하게 접목했다. 리듬이 일정하게 흘러가지 않기에 음악을 듣고 있으면 덜컹거리다가도 다시 정렬되는 듯한, 묘한 긴장감이 느껴진다. 바로 그 낯섦과 익숙함 사이에서 브루벡만의 재즈가 빛을 발한다.

그의 대표 밴드인 '데이브 브루벡 쿼텟'은 피아노의 브루벡, 알토 색소폰의 폴 데스먼드, 드럼의 조 모렐로*Joe Morello*, 베이스의 유진 라이트*Eugene Wright*로 구성된 정통 쿼텟이었다. 이 네 사람은 뛰어난 연주력을 바탕으로 각자의 파트를 조화롭게 엮어내며 클래식 앙상블처럼 정교한 호흡을 자랑했다.

이 쿼텟의 가장 유명한 곡은 단연코 〈Take Five 테이크 파이브〉이다. 광고나 드라마, 영화에서 배경음악으로 많이 쓰인 이 곡은 재즈 역사상 가장 성공한 5/4박자 곡으로 평가받는다. 하지만 개인적으로 더 추천하고 싶은 곡은 〈Blue Rondo á la Turk 블루 론도 아 라 터크〉. 이 곡은 터키 전통 음악에서 영감받은 9/8박자 리듬과 재즈의 4/4박자를 교묘하게 넘나드는 작품으로 변칙적인 리듬을 보여주는 데 그치지 않고 묘한 박진감과 짜릿한 리듬의 재미를 안겨준다. 듣다 보면 어느새 리듬에 맞춰 손가락을 까딱거리게 된다.

복잡한 박자, 깔끔한 화성, 치밀한 구성. 듣다 보면 이토록 세련되고 현대적인 재즈가 또 있을까 싶다. 클래식과 재즈의 경계를 허문 진짜 '크로스오버'의 시초라 불릴 만한 음악이 아닐까?

모던 재즈 쿼텟

모던 재즈 쿼텟*Modern Jazz Quartet(MJQ)*은 품위 있게 듣는 재즈를 보여준 그룹이었다. 피아니스트이자 작곡가였던 존 루이스*John Lewis*는 클래식을 좋아했고 재즈도 사랑했다. 두 세계 사이에서 고민한 끝에 그는 둘을 '조화롭게 엮는 법'을 택한다. 그렇게 해서 태어난 음악이 '서드 스트림*Third Stream*'이라 불리는 새로운 흐름이었다. 클래식(First Stream)의 구조 안에 재즈(Second Stream)의 즉흥성을 자연스럽게 끼워 넣는 방식. 그래서 MJQ의 음악은 차분하고 단정하지만, 그 안에서 작은 파동들이 은근하게 일렁인다.

멤버 구성은 피아노의 존 루이스, 콘트라베이스의 퍼시 히스*Percy Heath*, 드럼의 코니 케이*Connie Kay*, 마지막으로 비브라폰의 밀트 잭슨*Milt Jackson*이다. 트럼펫이나 색소폰 대신 비브라폰이 중심에 서 있는 편성부터가 조금 독특하게 느껴진다.

부드럽고 따뜻한 비브라폰이 음을 시작하면 피아노는 그 뒤에서 단단하게 화성을 쌓고 베이스와 드럼은 큰 움직임 없이도 음악을 안정적으로 떠받친다. 정제된 앙상블과 절제된 솔로로 균형 잡힌 단단한 흐름을 만들어낸다.

대표곡 〈Django 장고〉는 집시 기타리스트 장고 라인하르트 *Django Reinhardt*를 위한 헌정곡으로 그 안에 애도와 존경이 담겨 있다. 단순하고 느린 테마가 반복되는 단정한 구성과 감정의 여운이 절묘하게 어우러진 MJQ의 대표작이다. 또 다른 곡 〈Bags' Groove 백스 그루브〉는 잭슨의 별명에서 따온 곡으로, 반복되는 리프 위에서 네 명의 연주자가 서로 밀고 당기며 분위기를 쌓아 올린다. 과시보다 집중, 기교보다 구조가 앞서는 MJQ의 연주 철학이 잘 드러나는 곡이다.

정장을 입고 무대에 서던 그들의 모습도 MJQ를 설명하는 데 빠질 수 없다. 드레스코드를 넘어서 무대에서 진심으로 음악을 대하는 태도였다. 그 덕분에 MJQ는 재즈를 클럽 바깥으로 끌어낼 수 있었다. 미술관, 콘서트홀, 대학 강당 등, 술잔 없이 즐길 수 있는 재즈를 만든 대표적인 캄보였다.

🎺 쿨 재즈 재즈 트랙

〈Move〉, 마일스 데이비스
〈Boplicity〉, 마일스 데이비스
〈Moon Dreams〉, 마일스 데이비스
〈Waltz For Debby〉, 빌 에반스
〈My Foolish Heart〉, 빌 에반스
〈Nardis, 빌 에반스

〈My Funny Valentine〉, 쳇 베이커
〈Almost Blue〉, 쳇 베이커
〈I Fall in Love Too Easily〉, 쳇 베이커
〈Blue Rondo à la Turk〉, 데이브 브루벡
〈Take Five〉, 데이브 브루벡
〈Django〉, 모던 재즈 쿼텟
〈Bags' Groove〉, 모던 재즈 쿼텟
〈Skating in Central Park〉, 모던 재즈 쿼텟

🎙️ 재즈 한 조각 끼워넣기

마일스 데이비스의 《Kind of Blue》 그리고 모달 재즈 Modal Jazz

비밥과 하드밥의 명인으로, 쿨 재즈의 창시자로 마일스 데이비스의 음악적 실험은 멈추지 않았다. 쿨하게 정제된 음 하나하나를 골라내며 감정을 조율하던 그가 이번엔 아예 화성의 감옥을 부숴버리기로 마음먹은 것이다. 그렇게 그가 향한 다음 행선지는 모달 재즈. 말 그대로 '모드', 즉 선법이라는 개념을 재즈에 끌어온 새로운 시도였다.

이전까지의 재즈는 대부분 정해진 코드 진행 위에 화려한 즉흥연주를 펼치는 방식이었는데, 마일스는 여기서 살짝 고개를 갸웃한다. "왜 꼭 그 코드 안에서만 놀아야 하지?" 그래서 그는 기존의 복잡한 코드 체계를 과감히 걷어내고, 하나의 모드를 길게 깔아 놓은 채 그 위에서 자유롭게 멜로디를 짓는 방식으로 나아간다. 연주자는 더 이상 화성 진행에 끌려가지 않고, 마치 텅 빈 운동장에 혼자 던져진 것처럼 넓고 느긋하게, 사유하듯 연주할 수 있

게 된 것이다.

이런 실험정신의 결정체가 바로 1959년에 발표된, 재즈 역사의 위대한 앨범이라 손꼽히는 《Kind of Blue》이다. 수많은 재즈 팬에게 "인생에 단 하나만 재즈 앨범을 들어야 한다면?"이라고 질문한다면 십중팔구 이 앨범을 대답할 정도이다. 존 콜트레인의 테너 색소폰, 캐넌볼 애덜리의 알토 색소폰, 빌 에반스와 윈튼 켈리의 피아노, 폴 체임버스의 베이스, 지미 콥의 드럼. 그야말로 드림팀이 한자리에 모여 조용히, 그러나 단호하게 재즈의 방향을 바꿔놓았다.

《Kind of Blue》의 수록곡 〈So What〉은 곡 제목처럼 뭔가를 묻는 듯하면서도 '그래서 뭐?'하고 반문하는 듯한 태도와 여백의 미, 단순한 구조 속에서 뿜어져 나오는 압도적인 분위기를 들려줬다. 모달 재즈는 그렇게 말보다 묵직한 침묵의 힘을 알려주었다. 앨범 《Kind of Blue》에 실린 모든 곡이 명곡이니 꼭 감상해 보시길.

마일스 데이비스

마일스 데이비스는 쿨 재즈의 창시자이면서도 쿨 재즈가 점점 백인 중심으로 흘러가자 그 분위기에 묘한 불편함을 느꼈고, 결국 슬쩍 발을 뺐다. 흑인 뮤지션의 음악적 성취를 백인이 가져다 쓰고 있다는 생각에 분노했던 것. 결국 '쿨'하게 쿨 재즈를 떠난다(정작 자신도 백인 연주자를 기용했다는 사실은 잠시 쿨하게 접어두기로 하자).

한동안 슬럼프가 이어졌지만 곧 다시 돌아온 마일스는

1954년부터 본격적으로 하드밥 앨범 작업에 들어가 존 콜트레인, 레드 갈런드*Red Garland*, 폴 체임버스*Paul Chambers*, 필리 조 존스*Philly Joe Jones*와 함께 단 이틀에 걸쳐 네 장의 앨범을 녹음한 전설적인 '마라톤 세션'을 만들어낸다. 1956년 5월 11일과 10월 26일, 단 이틀 동안 녹음한 네 장의 앨범 《Relaxin' 리렉싱》, 《Steamin' 스트밍》, 《Walkin' 워킹》, 《Cookin' 쿠킹》은 지금도 하드밥을 대표하는 고전으로 'in' 시리즈'라고 불린다. 이 음반들은 당대 마일스가 가진 연주의 방향성과 밴드의 역량, 녹음 현장의 생동감을 오롯이 담고 있는 전설의 명반이다.

《Cookin'》 앨범에 수록된 〈Airegin 아이레진〉은 소니 롤린스의 곡을 마일스가 경쾌하게 재해석한 버전인데 쿨한 톤과 하드한 리듬이 교차하는 매력적인 곡이다(나이지리아*Nigeria*를 거꾸로 표기한 제목이다. 소니 롤린스의 위트!). 속도감 있게 치고 나가면서도 마일스답게 연주의 여백은 단정하다. 화려하게 떠들기보다는 한 음 한 음에 집중하는 연주. 쿨 재즈에서 보여준 절제된 감성이 하드밥에서도 여전히 살아 있는데, 이것이 테너 색소폰을 연주하는 콜트레인의 거침없는 솔로와 부딪히며 묘한 균형을 만들어낸다. 이 앨범들은 하드밥이란 새로운 장르에서도 자신의 색깔은 변함없음을 알리는 일종의 선언이었다.

아트 블레이키

하드밥의 터줏대감이
자 수호자, 뚝심의 드러
머. 재즈가 퓨전이며 일
렉트릭이며 점점 다른 방
향으로 퍼져갈 때도 아트
블레이키*Art Blakey*는 끝까
지 하드밥을 연주했다.
시대가 바뀌어도 하드밥의 생명력은 그대로라는 걸 드럼으
로 설득하여 보여준 사람이었다. 한번 두드리면 온몸이 깨는
듯한 타격감, 하지만 그 안엔 항상 정확한 구심점이 있었다.
연주 중엔 앞에서 몰아붙였고 무대 밖에서는 뒤에서 후배들
을 밀어줬다.

그의 밴드 '아트 블레이키 앤드 재즈 메신저스'는 단순한
연주 그룹이 아니었다. 클리포드 브라운*Clifford Brown*, 리 모건
Lee Morgan, 웨인 쇼터*Wayne Shorter*, 프레디 허버드*Freddie Hubbard*,
키스 자렛…, 이름만 들어도 입이 떡 벌어지는 재즈 거장들이
모두 이곳을 거쳐 갔다. 40년 가까이 유지된 '블레이키 사단'
은 그 자체로 재즈의 족보라고 봐야 한다.

그의 드럼은 팀을 이끌고 분위기를 밀어붙이고 연주자들
에게 신호를 날리는 리더의 악기였다. 폭발적인 에너지로 몰
아치면서도 흐름은 절대 무너지지 않았다. 박력 있는 드럼 속

에서 각 악기가 제 목소리를 내고 그걸 블레이키가 다시 받아
내며 곡을 마무리한다. 그래서 그의 연주는 항상 밴드 전체가
살아 움직이는 느낌을 준다.

호레이스 실버

호레이스 실버Horace Silver는
하드밥에 생기를 불어넣은 피
아니스트다. 코드와 화성만으
로 음악을 짜는 게 아니라 가
스펠의 따뜻함, 블루스의 끈적
함, 라틴의 리듬감을 집어넣었
다. 똑같은 하드밥이어도 실버
의 곡은 유독 멜로디가 귀에 남
고, 절로 어깨를 들썩이게 만든다. 어렵고 진지한 재즈만 듣
던 사람들도 "어, 이건 좀 다른데?" 하며 귀를 쫑긋할 만큼.

1950년대 초반, 아트 블레이키와 함께 '호레이스 실버 앤
재즈 메신저스'라는 이름으로 팀을 꾸렸다. 이 둘이 함께한
시절은 짧았지만 강렬했고, 이후 각자의 길을 걷게 된 뒤에도
하드밥이라는 장르의 큰 줄기를 함께 만든 동지였다. 실버는
곧바로 자기 밴드 '호레이스 실버 퀸텟'을 이끌며 블루노트
레이블의 얼굴로 자리 잡는다.

그의 음악은 독특한 리듬에서 시작된다. 포르투갈령 카

보베르데 출신인 아버지에게서 영향받은 덕분인지 실버의 곡에는 종종 라틴 음악 특유의 리듬이 녹아 있다. 일찍부터 '펑키 재즈'를 개척했던 실버의 진면목이 담긴 곡 〈Opus De Funk 오푸스 드 펑크〉는 그루브 있는 베이스와 리드미컬한 피아노가 일품이다. 복잡한 이론보다는 손끝에서 바로 튀어나오는 그루브, 듣는 순간 '이건 호레이스 실버다' 싶을 만큼 개성이 분명한 사운드, 짜임새 있는 구성과 따뜻한 감성까지 놓치지 않았다.

소니 롤린스

재즈계의 거목으로 오랜 세월 활약한 테너 색소폰 주자. 카리브해의 버진아일랜드 출신 부모의 영향을 받아 리드미컬하고 재치 있는 곡을 많이 남겼고 스타카토를 활용한 즉흥연주로 특유의 거칠고 활달한 스타일을 완성했다. 덕분에 어디로 튈지 모르는 그의 연주는 듣는 재미가 쏠쏠하다.

하드밥 시절 최고의 인기를 구가하던 그였지만, 프리 재즈 선구자 에릭 돌피*Eric Dolphy*의 실험적 연주에 충격을 받고 자신의 부족한 점을 절감하고는 돌연 무대에서 사라진다. 당시 그는 뉴욕 브루클린과 맨해튼을 잇는 윌리엄스버그 다리 위에서 매일 색소폰을 불며 자신의 연주 스타일을 재정립했다. 이 시기의 '수행'은 실제로 다리 위에서 연주하며 기술은 물론 내면의 음악관까지 다듬어간 자기 수련의 시간이었다. 그렇게 2년 뒤, 그는 재즈사에 남을 명반으로 평가받는《The Bridge 더 브릿지》로 컴백했다. 이 앨범은 프리 재즈와 하드밥 사이의 경계를 유려하게 넘나드는 곡으로 채워져 있다.

소니 롤린스의 진가는 단순한 기교를 넘어선다. 그는 한 번의 솔로 연주에도 서사를 담고 유머를 섞었다. 무반주 연주를 실험하고 카리브 음악이나 펑크, 록 같은 장르를 접목하며 경계를 넓혔다. 땀범벅이 된 채 온 힘을 다해 연주한 뒤 무대에서 내려와 농담을 던지는 유쾌한 사람이었다. 그런 반전 성격 덕분에 오랫동안 팬들에게 사랑받았다. 2014년 폐질환으로 연주를 멈출 때까지 왕성하게 활동하며 열정적인 무대를 보여줬다. 지금은 공식적인 활동을 중단했지만 그의 이름은 여전히 살아 있는 전설로 불린다. 무엇보다 뉴욕 다리 위에서 홀로 색소폰을 불던 모습은 지금도 재즈 팬에게 신화로 남아 있다.

클리포드 브라운

'브라우니'라는 애칭으로도 불렸던 클리포드 브라운은 단정한 성품, 바른 생활 태도 그리고 신앙심까지 갖춘 보기 드문 천재 뮤지션이었다. 부드럽고 온화한 인상과 달리 그는 강렬하고 힘이 넘쳤으며 명료한 음색과 놀라운 테크닉으로 연주하며 많은 이들의 귀를 사로잡았다. 그가 작곡한 〈Joy Spring 조이 스프링〉은 따뜻하고 풍부한 트럼펫 사운드와 즉흥연주가 포근한 느낌을 준다.

그는 드러머 맥스 로치Max Roach와 공동 리더로 결성한 퀸텟을 통해 당대 최고의 하드밥 사운드를 구현해냈다. 이 퀸텟의 앨범은 재즈 입문자들이 먼저 찾아 듣는 명반으로, 특히 《Clifford Brown and Max Roach 클리포드 브라운 앤드 맥스 로치》는 하드밥의 대명사라 해도 과언이 아니다.

하지만 1956년 불의의 교통사고로 25세의 나이에 요절하며 재즈계는 찬란한 별 하나를 너무 일찍 떠나보내야 했다. 그가 생전에 남긴 앨범 수는 많지 않지만, 짧은 시간 동안 쌓아 올린 음악적 유산은 막대하다. 후대 트럼펫 주자 리 모건, 프레디 허버드 그리고 하드밥 이후 혁신적인 트럼페터로 평가받는 우디 쇼Woody Shaw에 이르기까지, 그에게 영향받지 않은 연주자를 찾는 것이 더 어려울 정도다. 클리포드 브라운은 짧지만 굵고 아름다웠던 진정한 재즈의 순정파였다.

〈Airegin〉, 마일스 데이비스

〈Walkin'〉, 마일스 데이비스

〈It Never Entered My Mind〉, 마일스 데이비스

〈Moanin'〉, 아트 블레이키

〈A Night in Tunisia〉, 아트 블레이키

〈Free for All〉, 아트 블레이키

〈Opus De Funk〉, 호레이스 실버

〈Song for My Father〉, 호레이스 실버

〈The Preacher〉, 호레이스 실버

〈St. Thomas〉, 소니 롤린스

〈Oleo〉, 소니 롤린스

〈Tenor Madness〉, 소니 롤린스

〈The Bridge〉, 소니 롤린스

〈Joy Spring〉, 클리포드 브라운

〈Daahoud〉, 클리포드 브라운

〈Jordu〉, 클리포드 브라운

 ## 재즈 한 조각 끼워넣기

하드밥의 혈육, 소울 재즈 Soul Jazz

 〈Mercy, Mercy, Mercy〉, 캐논볼 애덜리 퀸텟 

따뜻한 멜로디와 펑키한 연주가 어우러진 분위기가 인상적인 곡. 가스펠 같은 경건한 사운드는 무슨 잘못이든 용서를 해줄 수 있을 것만 같다.

소울 재즈는 1950년대 말~1960년대 초, 하드 밥에서 갈라져 나온 하위 장르이다. 비밥의 복잡한 화성보다 블루스, 가스펠에 가까운 직관적인 멜로디와 리듬을 강조했다. 흑인 교회 음악의 정서와 펑키한 그루브가 자연스럽게 어우러져 대중적으로도 큰 인기를 얻었다.

대표적인 뮤지션으로는 〈Moanin'〉을 만든 피아니스트 바비 티몬스, '펑키 재즈'라 불릴 만큼 소울 재즈의 중심에 선 아트 블래이키 앤드 재즈 메신저스, 호레이스 실버, 캐논볼 애덜리 등 블루노트 레이블의 연주자들이 있다. 특히 지미 스미스는 해먼드 오르간● 사운드를 앞세워 소울 재즈의 상징 같은 존재가 되었다.

● 1930년대 로렌스 해먼드가 교회 파이프 오르간의 저렴한 대체품으로 개발한 전자식 오르간. 특유의 따뜻하고 그루브한 음색 덕분에 재즈, 소울, 록에서 사랑받았다. 지미 스미스로 인해 소울 재즈를 대표하는 악기가 되었다.

스스로 재즈 학습 ④

주제	쿨 재즈 & 하드밥	
활동명	쿨 재즈냐, 하드밥이냐	
날짜	나의 점수는	★☆☆☆☆

1. 쿨 재즈 연주자 아트 페퍼와 하드밥 연주자 리 모건의 연주입니다. 두 곡 중 오늘의 기분을 표현한다면 어느 곡이 더 가까울까요? 또 흑백영화의 한 장면 혹은 반 고흐의 〈해바라기〉 같은 유화 작품 등 떠오르는 감상을 이미지나 그림으로 표현해 봅시다.

 〈You'd Be So Nice To Come Home To〉, 아트 페퍼 

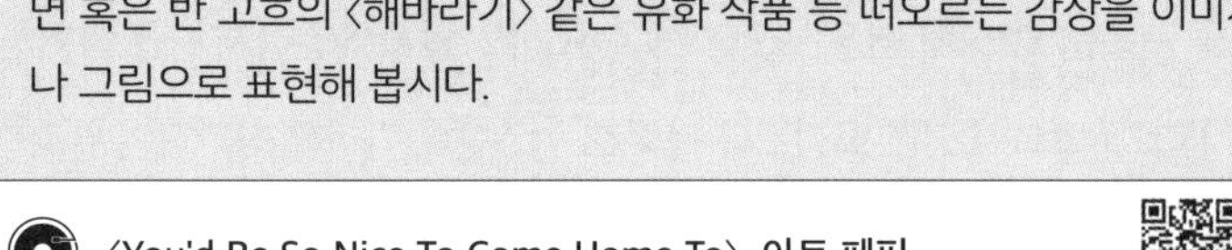 〈The Sidewinder〉, 리 모건

2. 음악을 '차갑다' 혹은 '뜨겁다'라며 묘사하는 경우가 많습니다. 여러분이 들어본 재즈곡들을 생각하며 온도를 떠올려 보세요. 아래 음악의 온도는 어떤지 밑줄로 연결해볼까요? (정답은 없습니다.)

〈Waltz For Debby〉
빌 에반스 · · 프렌치 코트를 여미게 만드는 온도

〈Skating in Central Park〉
모던 재즈 쿼텟 · · 붕어빵의 따스함이 생각나는 온도

〈The Bridge〉
소니 롤린스 · · 윤슬이 반짝이는 창가의 온도

〈A Night In Tunisia〉
아트 블레이키 · · 심장 뛰는 소리가 느껴지는 온도

♥수고하셨습니다♥

예술은 가깝게 대중은 멀게, 프리 재즈

여기서 중간 점검! 여러분의 이해를 돕기 위해서 음악의 목표를 '예술성'과 '대중성' 양극으로 나눠 설명해 보려 한다. 물론 이런 흑백논리에 따른 구분은 편견과 곡해라는 부작용이 따르기 마련이지만 설명의 편의를 위한 것이니 너그럽게 이해해 주시길. 지금까지 재즈의 역사를 예술성과 대중성으로 나눠서 살펴보면 이렇다.

스윙 재즈(대중성>예술성) → 비밥(대중성<예술성) → 쿨&하드밥(대중성>예술성) → ?

보다시피 대중성을 중시한 재즈와 예술성에 주안점을 둔 재즈가 번갈아 가며 등장하는 양상을 보인다.

재즈의 하위 장르 중 가장 대중과 가까웠던 건 단연 스윙 재즈였다. 이어 탄생한 비밥이라는 장르는 지나치게 수요자 중심적인 스윙 재즈에 대한 반발과 저항으로 등장했고 그러다 보니 대중과 거리가 멀어졌다. 둘 사이의 틈을 줄이기 위한 노력으로 비밥에 대중성을 가미한 쿨 재즈와 하드밥 재즈가 탄생했다.

쿨과 하드밥이라는 대중성이 우위에 있는 재즈가 등장했으니, 다음으로는 어떤 재즈가 도래할 차례일까? '역사는 반복된다'라는 교훈에 따르면 이번엔 예술성을 우위에 둔 장르가 타석에 설 차례! '프리 재즈*Free Jazz*'라는 극단적 형태의 재즈가 등장함으로써 순서는 정확하게 지켜진다.

아니, 재즈 자체가 '프리'한 음악인데, 대체 얼마나 '프리'하기에 이름에 '프리'를 넣어 '프리 재즈'인 거야? 하는 생각을 할 수도 있을 것 같은데, 프리 재즈는 여러분이 무엇을 상상하든 그것보다 더한 자유를 누린다. '재즈=자유'라는 인식은 연주자의 즉흥에 의한 연주가 강조되는 재즈의 특성에 주목한 것이지, 아무리 즉흥연주라고 해도 완전한 자유가 주어지는 것은 아니었다. 테마곡을 통해 주어지는 코드나 화성 등 기본적으로 지켜야 하는 규칙이 엄연히 존재한다는 것이다. 그런데 프리 재즈는 이 규칙을 완전히 무시한다. 과장해서 표현하자면 아주 그냥 제멋대로로 보인다.

프리 재즈라는 말은 색소폰 연주자 오넷 콜맨*Ornette Coleman*

의 1961년에 발매한 앨범명인 《Free Jazz 프리 재즈》로부터 시작된 용어이다. 이 앨범 재킷에는 프리 재즈라는 이름 말고도 생소한 용어가 하나 더 적혀 있다. 'Double Quartet(더블 쿼텟)' 세상에! 두 개의 사중주란다. 오넷 콜맨이 리드하는 사중주와 에릭 돌피가 리드하는 사중주가 정해진 코드 없이 즉흥적으로 연주한다. 규칙과 질서는 존재하지 않고 호흡이나 화합도 고려하지 않는 것처럼 보인다, 아니, 들린다. 딱 두 곡(LP의 용량 한계로 두 파트로 나눈 것이지 실은 한 곡으로 앨범을 구성했다고 봐야 한다)으로만 앨범을 구성했으니 길이는 또 얼마나 긴지. 무려 38분간 솔로와 집단 즉흥연주가 이어진다. 과연 여러분은 어떤 생각이 드실는지 궁금하다. 일단 들어보자고요.

 〈Free Jazz〉, 오넷 콜맨 더블 쿼텟 

재즈 좀 듣는다는 얘기를 들으려면 이 음악을 좋아해야 하는 걸까? 실은 웬만한 재즈 마니아도 어려운 앨범이다. 앨범 발매 당시에도 시대를 앞선 작품이라는 (소수의) 찬사와 들을 가치도 없는 쓰레기라는 (다수의) 혹평을 들었던 앨범이다(개인적으로 저도 약간 버거워하는 쪽이랄까요).

전문가들은 순수 음악의 관점으로만 프리 재즈에 접근하면 안 된다고, 이 장르가 생겨난 당시 사회적 배경을 함께 살펴야 프리 재즈를 온전히 이해할 수 있다고 한다. 음악 하나 들자고 뭔 역사 공부까지 해야 하나, 하는 반감이 들 수도 있겠으나 음악도 듣고 공부도 하는 유익한 시간이라 여겨주시길. 꿩 먹고 알도 먹어보자.

당시 미국에는 「짐 크로법」이 시행되고 있었다. 공공장소에서 흑인과 백인을 구분하는 것이 합법이었다는 것. 그들은 '분리되어 있지만 평등하다'라는 말도 안 되는 기적의 논리로 흑백 차별을 정당화했다. 그런데 1954년, 10살짜리 딸이 가까운 학교를 놔두고 1마일이나 떨어진 흑인학교에 다녀야 하는 사실에 분노한 올리브 브라운이라는 사람이 캔자스주 토피카시 교육위원회를 상대로 건 소송에서 승리했다는 소식이 보도된다. 연방 법원이 공공교육에서의 인종차별은 위헌이라는 결정을 내린 것이다. 미국 법원이 흑인 인권을 인정한 최초의 판결이었다.

1955년에는 앨라배마주 몽고메리에서는 백인 승객에게 좌석을 양보하라는 백인 버스 기사의 요구를 거부한 흑인 여성 로자 파커스가 경찰에 체포되는 일이 벌어졌다. 당시 그녀는 흑인 전용 좌석에 앉아 있었기 때문에 그녀의 거부는 정당했음에도 불구하고 경찰에 체포된 것이다. 이 사건은 1년간 버스 보이콧이라는 시민불복종 인권 운동을 불러온다. 마틴 루터 킹 목사가 주도한 이 운동은 1960년대 본격적인 인종차별 철폐 운동의 도화선이 된다.

코드와 화성을 무시한 채 인간이 지닌 극한의 감정을 쏟아 내듯 연주하는 프리 재즈가 등장한 건 바로 이 시기였다. 많은 전문가는 인종차별로 얼룩진 미국 사회에 대한 흑인 사회의 불만이 프리 재즈라는 격정적인 음악 양식으로 표출된 것이라고 해석한다. 이런 사회적 배경을 알면 프리 재즈에서 줄기차게 들리는 색소폰 삑사리(?)도 조금은 들을 만해지리라.

아, 프리 재즈와 동의어로 쓰이는 '아방가르드 재즈'라는 용어가 있다. 엄밀히 말하면 아방가르드는 실험성에, 프리 재즈는 즉흥과 자유 쪽에 주안점을 두는 재즈라는 차이가 있다지만 둘 사이를 분류하는 건 어려운 일이므로, 여러분은 같은 의미로 파악해도 좋을 것이다.

오넷 콜먼

오넷 콜먼을 처음 만나면 누구나 "대체 이건 뭐야?"라는 말이 나올 수밖에 없다. 박자는 제멋대로, 애초에 멜로디 따위는 들리지도 않고 악기들과의 호흡도 영 맞지 않는 것처럼 보인다. 한마디로 '엉망진창 우당탕탕' 재즈랄까. 근데 왠지 모르게 끌린다면? 그렇다면 이제 하산하셔도 좋습니다!

1930년 텍사스 포트워스에서 태어난 콜먼은 색소폰을 독학으로 익혔다. 낮에는 백화점에서 일을 하고, 밤에는 클럽에서 연주했다. 하지만 뮤지션으로 그다지 인정받지는 못했는데 박자와 화성을 무시하는 그의 전위적 스타일 때문에 '제대로 연주할 줄 모르는 연주자'라며 쫓겨난 적도 많았다.

그러다 1959년 발표한 《The Shape of Jazz to Come 더 세이프 오브 재즈 투 컴》이라는 앨범으로 전환점을 맞는다. 제목 그대로 재즈의 미래를 선언한 작품이었다. 그는 기존의 코드 진행과 박자 틀을 깨고 각 악기가 자기 목소리를 자유롭게 내도록 했다. 이 앨범의 수록곡인 〈Peace 피스〉를 들어보자. 깊은 감성의 멜로디와 함께 독특한 콜먼의 즉흥연주를 들을 수 있다.

이듬해 그는 재즈 역사에 굵직한 획을 그은 앨범 《Free Jazz 프리 재즈》을 발매한다. 여덟 명의 연주자가 40분 동안 펼치는 집단 즉흥연주는 나쁘게 말하면 엉망진창 대환장 파티, 좋게 말하면 혼돈 속에서도 묘한 긴장감이 흐르는 음악이었다. 모든 음과 리듬이 동등하게 기능하는, 중심도 서열도 없이 각자가 책임을 지는 음악. 그는 이런 방식의 연주를 '하모롤로지harmolodics'라는 용어로 정리했다.

활동 내내 비난과 찬사를 동시에 받았지만 2007년에는 그래미 평생공로상과 퓰리처상을 함께 수상하며 마침내 재즈 거장으로 인정받았다. 재즈에 정답은 없다는 걸 평생을 걸쳐 알려준 인물이 바로 오넷 콜먼이다.

존 콜트레인

1926년 노스캐롤라이나 햄릿에서 태어난 그는 군악대 출신으로, 어린 나이에 마일스 데이비스의 in’ 시리즈 앨범을 함께 녹음한 마라톤 세션으로 영입될 만큼 촉망받는 뮤지션이었다. 약물 문제로 삐끗했지만 이내 최고의 하드밥 테너 색소폰 주자로 성장한다. 복잡한 코드 진행을 미친 듯한 속도로 돌

파해 가며 쉼 없이 음을 쏟아내는 것이 그의 전매특허였다.

이슬람교로 개종한 이후에는 프리 재즈로 전향하여 〈Acknowledgement(인정) 어크놀리지먼트〉, 〈Resolution(결심) 레절루션〉, 〈Pursuance(수행) 퍼슈언스〉, 〈Psalm(찬송) 삼〉 총 4곡이 담긴 《A Love Supreme 어 러브 수프림》이라는 앨범을 발매하며 재즈에 영적인 요소와의 결합을 시도한다. 그 앨범은 평론가들로부터 '사운드로 쓴 기도문'이라는 평을 들었는데 그래서 그런지 듣다 보면 약간 경건해지는 느낌마저 든다.

이후 발표한 앨범 《Ascension 어센션》은 그가 도달한 또 다른 경지였다. 대규모 앙상블이 40분 동안 집단 즉흥을 이어간다. 처음 듣는 사람에게는 혼란스럽지만, 계속해서 듣다 보면 각 연주자가 서로 다른 방식으로 같은 목표를 향하고 있음을 느낄 수 있다. 콜트레인은 이런 방식으로 재즈를 단순한 예술 장르가 아닌 깊이 있는 표현의 장으로 확장했다.

알코올 중독과 간암으로 40세에 세상을 떠나고 마는데 그
짧은 생애 동안 재즈의 방향을 바꿨다. 존 콜트레인은 음악이
단순한 소리가 아니라 영적인 메시지가 될 수 있다는 것을 보
여준 인물이었다(안심하십시오. 이 음악이 도무지 영적인 메시지로
들리지 않는다고 해도 그건 여러분의 잘못이 아닙니다).

에릭 돌피

재즈 역사에서 에릭 돌피는
한 악기에만 만족하지 못한 사
람이있다. 플루트, 클라리넷, 색
소폰을 모두 완벽하게 다뤘고,
특히 당시 재즈에서 드물었던
베이스 클라리넷 연주로 이목
을 끌었다. 악기로 낼 수 있는
모든 소리를 연구했으며 심지
어 새소리와 같은 자연의 소리까지 공부해 솔로에 반영했다
고 한다. 그래서인지 그의 연주는 낯설고 독창적이다. 낮고 깊
은 울림이 돋보이는 베이스 클라리넷의 음색이 궁금하다면
〈God Bless the Child 갓 블레스 더 차일드〉을 들어보자.

1928년 로스앤젤레스에서 태어난 돌피는 처음에는 클래식
음악을 공부했지만 곧 재즈로 방향을 틀었다. 프리 재즈가 막
태동하던 시기에 그는 특유의 실험정신으로 그 흐름에 깊숙

이 발을 들였다. 불협화음과 기묘한 음색, 예측 불가능한 멜로디 전개는 당시 재즈의 상식을 흔들었다. 이런 이유로 그는 종종 '재즈의 혁신가' 혹은 '선구자'로 불린다.

아이러니하게도 자신의 리더 앨범은 큰 호평을 받지 못했다. 정작 그를 빛나게 만든 무대는 찰스 밍거스 밴드에서의 폭발적인 연주, 그리고 존 콜트레인과의 협연이었다. 두 거장의 음악 속에서 자유롭게 실험하던 순간들이 지금도 재즈 팬들에게 회자된다.

1964년, 유럽 투어 도중 갑작스러운 건강 문제로 세상을 떠났다. 나이 겨우 서른여섯. 짧았지만 강렬했던 생애 동안 에릭 돌피는 재즈가 낼 수 있는 소리의 경계를 확장했다. 그가 좀 더 함께 있었다면 재즈의 미래는 더 멀리 나아갔을 수 있지 않았을까?

프리 재즈 트랙

〈Peace〉, 오넷 콜먼
〈Lonely Woman〉, 오넷 콜먼
〈Congeniality〉, 오넷 콜먼
〈Free Jazz〉, 오넷 콜먼
〈Acknowledgement〉, 존 콜트레인
〈My Favorite Things〉, 존 콜트레인
〈Ascension〉, 존 콜트레인

〈God Bless the Child〉, 에릭 돌피
〈Out to Lunch〉, 에릭 돌피
〈Hat and Beard〉, 에릭 돌피

 재즈 한 조각 끼워넣기

비밥 너머의 비밥, 포스트밥 Post-Bop

 〈Footprints〉, 웨인 쇼터 
마일스 데이비스의《Miles Smiles》에 실린 버전과 웨인 쇼터 본인이
리더로 나선 앨범 《Adam's Apple》에 실린 버전이 서로 다르다. 이
곡만큼은 《Adam's Apple》 버전이 더 좋다.

포스트밥이라는 말은 '비밥 이후'라는 뜻이지만 어딘가 정확하지 않다. 시대를 뜻하는 건 아니고 그렇다고 온전히 새로운 장르라고 하기도 어렵다. 비밥, 하드밥, 쿨 재즈, 모달 재즈, 프리 재즈 등 기존에 있던 재즈 양식에서 특징적인 몇 가지를 끌어와 해체하고 조합한 양식이다. 이 장르의 중심에는 포스트밥이라는 스타일 자체를 형성한 주역으로 평가받는 '마일스 데이비스 세컨드 퀸텟'●이 있다. 마일스 데이비스(트럼펫), 웨인 쇼터(색소폰), 론 카터(베이스), 토니 윌리엄스(드럼), 허비 행콕(피아노)이라는, 재즈사의 전설이

● 참고로 마일스의 '첫 번째 퀸텟'은 1950년대 중반에 결성된 편성으로, 존 콜트레인(색소폰), 레드 갈런드(피아노), 폴 체임버스(베이스), 필리 조 존스(드럼)가 함께한 마라톤 세션이다. 하드밥의 정수를 보여준 이 멤버는 이후 모달 재즈 시대로 넘어가는 징검다리 역할을 했다는 평가를 받는다.

된 거장으로만 모인 '어벤져스'급 퀸텟을 말한다. 당시 평균 나이 20대 초 중반의 이 젊은 연주자들은 기존의 규칙을 의도적으로 비트는 실험적인 연 주를 선보였다.

포스트밥의 핵심은 '다양한 언어의 공존'이다. 블루스적인 감성, 모달한 구 성, 프리 재즈의 해방감, 하드밥의 에너지 등. 철저히 계산된 긴장 속에서 각 자 자리를 지키며 움직이는 정교한 균형이었다. 그렇기 때문에 포스트밥은 무언가로 딱 잘라 정의하기 어렵다. 같은 곡 안에서도 감정의 결이 달라지 고, 연주자에 따라 곡의 분위기 자체가 쉽게 변한다.

허비 행콕의 《Maiden Voyage》, 마일스의 《ESP》 같은 앨범들이 대표적인 예다. 이 앨범들을 들으면, 기존 재즈의 흔적이 분명히 남아 있으면서도 동 시에 어디로 튈지 모를 긴장감이 흐른다. 포스트밥의 대부 웨인 쇼터가 작곡 한 〈Footprint〉가 삽입된 (그리고 앨범 커버에 실린 마일스의 미소에 왠지 마 음에 끌리는) 《Miles Smiles》도 포스트밥을 대표하는 앨범이다.

포스트밥은 이후 등장한 퓨전, 컨템포러리, 심지어 힙합 재즈 등 수많은 재 즈 스타일의 토대가 되었다. 포스트밥이라 칭한 음악은 지금 들어도 낯설 거나 촌스럽지 않은데, 이들의 실험이 그만큼 앞서 있었기 때문이라고 볼 수 있다.

삼바와 재즈의 만남,
보사노바 재즈

지금까지 우리가 살펴본 재즈의 흐름을 정리해 보자. 물론 예술이 이런 식의 직선적인 흐름으로 이어질 리 만무하지만 어디까지나 이해의 편의를 위한 것이니 다시 한번 이해해주시길. 재즈 장르에 따라 대중성과 예술성 중 무엇이 더 중시되는지를 살펴보자.

스윙 재즈(대중성>예술성) → 비밥(대중성<예술성) → 쿨&하드밥(대중성>예술성) → 프리 재즈(대중성<예술성) → ?

눈치 빠른 분은 '프리 재즈라는 극단적으로 예술성을 강조한 재즈가 등장했으니 이제 순서상 대중성에 주안점을 둔 장르가 출현할 차례인 건가?' 이런 생각이 드셨을 것이다. 정답. 축하합니다!

앞서 언급했듯이 재즈는 출생 자체가 클래식 한 스푼에 아프리카 민속 음악 반 스푼, 흑인 노동요 한 스푼 등등을 혼합하여 만든 음악이다. 새로운 재즈에 목마른 재즈 뮤지션이 가장 쉽게 새 우물을 파는 방법은 재즈에 편입될 음악을 찾는 것. 그렇게 눈에 들어온 것이 바로 브라질의 새로운 음악 '보사노바*Bossanova*'다.

나른한 오후 햇살 같은 음악, 보사노바 재즈

과거는 물론 현재까지도 많은 사랑을 받는 보사노바는 브라질 음악이다. 그런데 축제와 정열의 나라 브라질 대표 음악은 누가 뭐래도 '삼바*Samba*' 아닐까? 빠아바바 빠바바바 빠바바, 하는 흥겨운 음악에 비키니에 화려한 깃털로 장식한 미녀들이 여유로운 미소를 지은 채 격렬하게 몸을 흔드는 장면. 이 것이 브라질 음악 하면 떠오르는 이미지일 것이다. 이런 삼바와는 썩 어울려 보이지 않지만, 보사노바는 누가 뭐래도 삼바에서 비롯된 음악이다. 삼바와는 MBTI가 다른 사촌쯤 된달까? 삼바의 리듬에다 지적이고 세련된 화성과 멜로디를 더하고 시적이고 낭만적인 가사로 다듬어 차분하고 여유로운 음악으로 변주한 것. 이것이 이 음악에 포르투갈어로 '새로운 경향'이라는 뜻을 지닌 보사노바라는 이름을 붙은 이유이다.

주앙 질베르토*João Gilberto*와 안토니오 카를로스 조빔*Antonio Carlos Jobim*이라는 두 브라질 음악가가 만든 이 느긋한 음악은 재즈라는 날개를 만나면서 재즈계를 통째로 보사노바로 물들인다. 따사로운 햇볕이 드는 조용한 해변에서 들려올 법한 감미로운 보사노바는 가볍고 부드러운 쿨 재즈와 찰떡궁합이었다.

보사노바와 쿨 재즈의 만남은 찰리 버드*Charlie Byrd*라는 중개자가 있었기에 가능했다. 재즈 기타리스트로서 비밥과 쿨 재즈를 넘나들며 활동하던 찰리 버드가 우연히 국무성 문화사절단 자격으로 브라질에 머물며 현지 음악을 접하게 되는데, 그때 보사노바에 푹 빠져버린다. 기타리스트로서 기타가 중심이 되는 삼바와 보사노바는 그야말로 운명 같은 존재였을지도. 미국으로 돌아온 그는 당시 마약 문제로 커리어가 주춤하던 색소폰 주자 스탄 게츠*Stan Getz*에게 보사노바를 소개하고, 함께 《Jazz Samba 재즈 삼바》를 녹음한다. 결과는? 앨범은 빌보드 팝 앨범 차트 1위를 차지하며 미국은 물론 세계로 보사노바를 퍼뜨리는 시발점이 된다. 이 앨범 때문에 '재즈 삼바'라는 말이 보사노바의 대체어로 쓰이기도 했다. 크리넥스, 포스트잇처럼 재즈 삼바라는 고유명사가 보통명사가 되어버린 순간이었다.

물 들어올 때 노를 저을 줄 아는 재즈계의 뱃사공 스탄 게츠. 그는 이듬해 직접 브라질로 날아가 보사노바의 창시자 조빔 그리고 기타와 보컬을 맡은 주앙 질베르토와 함께 전설적인 앨범 《Getz/Gilberto 게츠/질베르토》를 탄생시킨다. 이 앨범은 전 세계적으로 대성공을 거두며 그래미 시상식에서 '올해의 앨범'과 '최우수 엔지니어링' 부문을 포함한 4관왕을 차지했다. 여기 수록된 〈The Girl from Ipanema〉는 지금도 가장 많이 리메이크된 재즈 스탠더드 중 하나이며 조빔에게는 저작권료만으로 후손 3대가 유유자적할 수 있을 정도의 재정적 안정을 가져다줬다고 한다(부럽다).

개인적으로 이 앨범은 내가 가장 자주 꺼내 듣는 '최애 노동요'다. 이 책을 쓰는 내내 내 작업실 한 켠에서 이 앨범이 흘러나오고 있었다고 해도 과언이 아니다. 마치 커피 향처럼 공간에 스며드는 재즈. 그것이 바로 보사노바다.

재즈와 보사노바의 결합은 재즈의 영역을 확장했다는 음악적 의의 외에도 프리 재즈의 등장 이후 멀리 달아난 대중을 끌어모으기 위한 시도라고 볼 수 있다. 《Getz/Gilberto》의 엄청난 판매량은 그 시도가 상당히 성공한 것으로 봐도 될 듯하다.

안토니오 카를로스 조빔

삼바의 경쾌함과 재즈의 세련된 화성을 결합해 '보사노바'라는 새로운 장르를 만들어낸 브라질 리우데자네이루 출신

작곡가이자 피아니스트. 단순한 리듬 혁신이 아니라 멜로디와 화성, 편곡 전부를 부드럽게 재구성해 가벼운 듯 깊고, 차분한 듯 열정적인 독특한 매력을 지닌 완전히 새로운 장르를 만들어냈다.

1964년, 색소폰 연주자 스탄 게츠와 브라질 기타리스트 주앙 질베르토와 함께한 앨범 《Getz/Gilberto》가 세계적인 성공을 거두면서 조빔의 이름은 재즈 팬들에게도 각인됐다. 부드러운 리듬과 여유로운 멜로디의 〈The Girl from Ipanema〉는 보사노바를 전 세계에 물들인 대표곡이 됐다. 그는 이후에도 단순한 멜로디와 세련된 화성이 어우러진 〈Wave 웨이브〉로 보사노바의 시작이자 끝을 보여줬다. 〈Desafinado 데사피나두〉 등 수많은 명곡을 남기며 재즈와 보사노바의 경계를 자유롭게 넘나들었다.

그는 브라질이 자랑하는 뮤지션이다. 어느 정도 자랑스러워하냐면, 리우데자네이루 국제공항의 정식 명칭에 그의 이름이 들어가 있을 정도(리우데자네이루 갈레앙 안토니우 카를루스 조빔 국제공항. 우리로 치면 '인천 조용필 국제공항'인 셈). 2016년에 개최된 리우데자네이루 올림픽에서 올림픽 마스코트 이름을 그의 별칭인 '톰 조빔'에서 따온 '톰'으로 붙일 정도. 이 정도면 브라질, 특히 리우데자네이루가 그를 얼마나 사랑하는지 체감할 수 있을 것이다.

주앙 질베르토

주앙 질베르토는 보사노바를 '소리'로 구현한 인물이었다. 1931년 브라질 주아제이루에서 태어난 그는 기타 한 대와 낮고 속삭이는 목소리로 음악사의 한 장르를 완성했다. 기존 삼바 리듬을 절제하고 부드럽게 다듬어 만들어낸 보사노바 기타 주법은 파도 결처럼 잔잔하고 일정하게 흐른다. 단순해 보이지만 한 박자도 흐트러지지 않는 정교함이 숨어 있다.

안토니오 카를로스 조빔이 작곡한 곡에 질베르토의 보컬과 기타를 더해 발표한 곡 〈Chega de Saudade 세가 데 사우다지〉는 보사노바라는 장르의 출발점이 된다. 이전까지 삼바는 리듬과 타악기 중심의 활기찬 음악이었지만 질베르토는 그것을 낮은 목소리와 절제된 반주로 재해석했다. 삼바의 흥겨운 리듬에 익숙해 있던 청중은 처음 듣는 그의 음악에 낯설어했다.

그러다 전 세계에 보사노바를 알린 《Getz/Gilberto》 앨범

속 '음이 맞지 않음'이라는 뜻의 〈Desafinado〉에서 보사노바 특유의 감성적이고 독특한 보컬 스타일을 보여주었다. 그의 나른하고 게으른 듯한 목소리는 보사노바 그 자체라고 해도 과언이 아니다.

여기서 벌어진 에피소드 하나. 앨범 속 〈The Girl from Ipanema〉의 영어 가사는 질베르토가 직접 부르기를 꺼렸다. 영어 발음에 자신이 없었던 데다 곡의 분위기가 깨질까 우려했기 때문이다. 스탄 게츠는 영어를 할 줄 알았던 주앙의 부인 아스트루드 질베르토를 추천했고 처음에는 반대하던 주앙은 끝내 설득당하고 말았다. 이 우연한 기회는 아스트루드를 세계적 스타로 만듦과 동시에 질베르토 부부 사이에 미묘한 금을 만들었다고 전해진다.

그는 매우 꼼꼼한 무대 매너와 음악에 대한 철저한 태도로 유명하다. 마이크 위치, 음향, 기타 줄의 상태까지 꼼꼼히 챙겼고, 만족스럽지 않으면 공연을 취소하기도 했다. 까칠하긴 했지만 이런 태도가 관객에게 높은 완성도의 연주를 들려줄 수 있는 원동력이기도 했다.

세르지오 멘데스

세르지오 멘데스*Sergio Mendes*는 브라질 출신의 피아니스트이자 편곡가로 보사노바와 재즈, 팝을 결합해 전 세계 대중음악 시장에 브라질 사운드를 퍼뜨린 인물이다. 1941년 브라질

니테로이에서 태어난 그는 어린 시절부터 클래식 피아노를 배웠지만 1950년대 후반 리우데자네이루에서 막 꽃피기 시작한 보사노바에 매료됐다.

세르지오 멘데스 앤드 브라질 '66

1960년대 초, 미국으로 건너간 멘데스는 브라질 음악을 소개하는 데 열을 올렸다. 그는 재즈의 화성과 즉흥성을 보사노바에 접목했고, 여기에 당시 팝 음악의 멜로디 감각을 더했다. 그리하여 그가 만든 '세르지오 멘데스 앤드 브라질 '66' 밴드는 경쾌한 브라질 리듬 위에 세련된 보컬 하모니를 얹어 기존 재즈 팬뿐 아니라 팝 청중까지 사로잡았다.

대표곡 〈Mas Que Nada 마스 케 나다〉는 삼바 특유의 리듬과 캐치한 멜로디가 어우러져 전 세계 차트를 뒤흔들었다. 이후에도 〈The Look of Love 더 룩 오브 러브〉, 〈Fool on the Hill 풀 온 더 힐〉 같은 팝을 브라질 사운드로 재해석하며 팝과 재즈의 경계를 허물었다.

세르지오 멘데스는 브라질 사운드를 전 세계에 경쾌하고 세련된 리듬의 음악으로 각인시켰다. 즐겁게 춤출 수 있는 음악이라는 이미지를 넘어서 정교한 편곡과 치밀한 리듬 설계 속에 브라질 고유의 정서를 담았다. 덕분에 그는 브라질 음악

의 대중화와 세계화를 이끈 핵심 인물로 평가받고 있다. 2024
년 9월, 안타까운 그의 별세 소식이 전해졌지만 그의 음악은
여전히 많은 사람의 플레이리스트에 살아 있을 것이다.

 **보사노바 재즈 트랙** 

〈The Girl from Ipanema〉, 안토니오 카를로스 조빔
〈Wave〉, 안토니오 카를로스 조빔
〈Corcovado(Quiet Nights of Quiet Stars)〉, 안토니오 카를로스 조빔
〈Desafinado〉, 주앙 질베르토
〈Chega de Saudade〉, 주앙 질베르토
〈The Girl from Ipanema〉, 주앙 질베르토
〈Mas Que Nada〉, 세르지오 멘데스
〈The Look of Love〉, 세르지오 멘데스
〈Agua De Beber(feat. will.i.am)〉, 세르지오 멘데스

 재즈 한 조각 끼워넣기

쿠바 전통 음악과의 만남, 아프로큐반 재즈

 〈Manteca〉, Dizzy Gillespie Orchestra 

1940년대부터 재즈는 지중해의 따뜻한 햇살을 닮은 쿠바의 음악과 교류

하며 '아프로큐반 재즈*Afro-Cuban Jazz*'라는 이름의 새로운 장르를 만들고 있었다. 'Afro'라는 단어만 봐도 알 수 있듯 아프리카의 영향을 강하게 받은 흥겨운 리듬과 박자감은 재즈에 새로운 맛을 부여했다. 여기에 복잡하면서도 중독성이 있는 쿠바의 '클라베'● 리듬은 스윙과 비밥의 박자감과도 잘 맞아떨어졌다. 이것이 아프로큐반 재즈를 '큐밥*Cubop*(쿠바+비밥)'으로도 부르는 이유이다.

미국과 쿠바는 지정학적으로 가까웠을 뿐 아니라, 제2차 세계대전 이후 뉴욕에 쿠바 출신 음악가들이 꾸준히 유입되었다. 게다가 1940~1950년대는 쿠바에서도 재즈가 대유행하던 시기였다.

마리오 바우자는 쿠바 하바나에서 태어난 트럼펫 주자이자 라틴 재즈의 문을 연 선구자다. 그는 라틴 리듬이 '이국적인 장식'이 아니라 재즈의 중심이 될 수 있음을 보여줬다. 현란한 4박자 스윙 위에 3-2 클라베 리듬을 얹고, 팀발레스·콩가·봉고 같은 타악기를 대거 도입해 다층 리듬 구조를 완성했다. '맘보', '차차차', '룸바'가 뉴욕 재즈 클럽의 스윙과 만나면서 완전히 새로운 사운드가 탄생한 것이다.

그는 처남이자 리드 보컬이었던 마치토와 함께 '마치토와 그의 아프로쿠반스'를 결성해서 빅 밴드 스타일과 결합한 맘보 리듬이 돋보이는 라틴 재즈의 고전 〈Mambo Inn〉을 세상에 내놓았다. 재즈의 스윙과 쿠바의 전통 리듬을 완벽히 결합한 그의 방식은 라틴 재즈의 표준이 되었다.

● 클라베(*Clave*) 리듬은 아프로쿠반 음악의 뼈대가 되는 기본 박자 패턴인데, 4/4박자를 기본으로 하여 '3-2' 또는 '2-3' 구조를 반복한다. '짝-짝-짝-짜작(3-2클라베) 하고 다음에 '짜작-짝-짝-짝(2-3클라베) 그리고 반복. 은근 중독성 있는 리듬 덕에 저절로 흥이 난다.

이 문화적 교차로에서 비밥 트럼펫 거장 디지 길레스피가 바우자에게서 아프로-큐반 리듬을 배우고, 차노 포조를 소개받은 것도 이 무렵이다. 1947년, 길레스피는 쿠바 출신의 차노 포조를 자신의 오케스트라에 영입해서 〈Manteca〉라는 곡을 세상에 내어놓음으로써 아프로큐반 재즈의 시작을 알렸다. 두 사람은 〈Manteca〉, 〈Cubana Be, Cubana Bop〉 같은 명곡을 만들어 빅밴드 재즈에 쿠바의 혼을 불어넣었다. 디지 길레스피와 공동 작곡한, 아프로큐반 재즈를 대표하는 〈Tin Tin Deo〉는 콩가로 풀어낸 경쾌한 리듬이 어깨를 들썩이게 한다. 차노 포조는 라틴 재즈의 역사에서 빼놓을 수 없는 이름이자 재즈 타악기의 새로운 시대를 연 인물이다.

전신 합체!
퓨전 재즈

영국 리버풀 출신 네 명의 청년이 1960년대 미국 대중음악을 장악했다. 세계를 로큰롤의 바다에 빠뜨린 이들의 이름은 '비틀스'. 이어 도어스, 딥 퍼플, 레드 제플린 같은 하드 록과 헤비메탈 밴드의 출현으로 록은 대중음악 시장을 완전히 지배하기 시작한다. 이런 시대에서 재즈는 자신이 가장 잘하는 일을 한다. 바로 퓨전! 쿠바 음악, 브라질 음악도 융합한 마당에 록이라고 못할 게 무어랴?

하지만 재즈와 같이 아프리카 음악 계통인 쿠바와 브라질 음악과 달리 당시 주류 음악이었던 록은 백인의 음악으로 치부되고 있었다. 무릇 아쉬운 자가 우물을 파는 법. 둘의 결합을 위해서는 재즈의 체계를 전면적으로 손을 봐야 할 필요가 있었다. 일단 스윙을 확 줄이고 록처럼 강렬한 비트를 채 택했다. 코드나 즉흥연주도 되도록 단순하게 구성했고 어쿠스틱 악기도 전자 악기로 교체했다(전자 악기는 록보다도 재즈에서 먼저 쓰이긴 했지만 본격적으로 쓴 건 록이었다). 이런 과정을 거쳐 1970년 마일스 데이비스는 《Bitches Brew 비치스 브루》라는 음반을 발매함으로써 재즈록(혹은 퓨전 재즈 혹은 재즈 퓨전)의 탄생을 발표한다. 실제로 들어보면 이게 어딜 봐서 '재즈'이고 '록'이라는 거지 싶을 텐데, 당시에 대중의 반응도 크게 다르지 않아서 호평과 혹평이 극명하게 나뉘었다고 한다. 지금이야 퓨전 재즈의 시초라고 칭송받지만 말이다. 프리 재즈의 영향을 강하게 받은 터라 재즈'록'이라고 초심자에게 쉽게 권할 수 있을 만한 수준은 아니니 주의.

 〈John McLaughlin〉, 마일스 데이비스 

마일스 데이비스는 (앞서 소개한 쿨 재즈의 창시자 마일스와 동일 인물, 맞습니다) 1959년 《Kind of Blue》에서 모달 재즈라는 장르를 처음 세상에 내놓으며 모던 재즈의 흐름을 열었고, 그보다 앞서서는 쿨 재즈라는 것도 만들어낸 바 있다. 그러니까 이번 퓨전 재즈는 마일스가 만든 세 번째 재즈가 되는 셈이다. 훗날 재즈와 힙합을 결합에도 선구자적 역할을 하기도 했으니 한 사람이 음악 장르를 이렇게 다양화한 사례가 또 있

으려나.

마일스가 퓨전 재즈의 문을 열어젖힌 이후, 그의 밴드에서 함께 연주했던 허비 행콕, 칙 코리아*Chick Corea*, 웨인 쇼터, 존 맥러플린*John McLaughlin* 같은 이들이 각자 독립적인 음악 세계를 펼치며 퓨전 재즈를 본격적인 재즈의 하위 장르로 성장시킨다. '퓨전'이란 이름처럼 장르를 넘나들고 경계를 무너뜨리는 이 음악은 이후 전자 음악, 록, 펑크, 심지어 월드 뮤직까지 닿게 된다.

마일스는 재즈를 과거의 음악에서 미래의 언어로 바꿔놓은 혁명가였다. 마일스 데이비스의 한국 별명은 '마일신'. 여기서 '신'이 무슨 뜻일지는 굳이 언급하지 않아도 될 것 같다.

허비 행콕 Herbie Hancock

재즈계의 '미다스의 손'. 본래 전자공학도였던 허비 행콕은 1960년대 중반, 마일스 데이비스가 결성한 '두 번째 퀸텟'의 피아니스트로 영입되며 본격적으로 재즈 전면에 등장했다. 리더 데뷔작 《Takin' Off 테이킹 오프》에서 이미 재능을 입증했는데, 이 앨범의

수록곡 〈Watermelon Man 워터멜론 맨〉은 발매 직후 재즈·팝

차트를 오가며 화제를 모았다. 이어 발표한 《Maiden Voyage 메이든 보야지》는 선원들이 미지의 바다로 나아가는 듯한 서정적이고도 모험적인 사운드로 높은 완성도를 보인다. 이후 《Bitches Brew》로 퓨전 재즈의 장을 연 마일스 데이비스와의 일렉트릭 밴드 협업 중 전자 악기에 눈을 뜬 행콕은 전자공학도의 본능을 살려 잠시 어쿠스틱 건반을 내려놓고 신시사이저를 잡는다.

그 결실이 바로 1973년에 발매한 《Headhunters 헤드헌터스》. 이 앨범은 펑크의 리듬, 재즈의 즉흥, 전자 사운드를 절묘하게 섞어 퓨전 재즈의 결정판으로 자리 잡았다. 〈Chameleon 카멜레온〉의 미끄럽게 꿈틀대는 베이스 라인은 첫 소절만 들어도 고개가 절로 움직인다. 이 앨범에 수록된 그의 대표곡 〈Watermelon man〉 이전에 발매한 어쿠스틱 버전과 비교해서 들어보는 것을 권한다.

1983년 발표한 〈Rockit 록킷〉은 재즈 뮤지션이 힙합과 턴테이블 스크래칭을 전면에 내세운 최초의 사례 중 하나로, 당시로서는 파격적인 뮤직비디오와 사운드로 1980년대 'MTV 세대'를 사로잡았다. 지금 봐도 꽤 실험적이고 전위적인데, 당시에도 대중과 평단의 호평을 동시에 받았다. 전자 음악과 재즈의 경계를 허문 이 곡은 오늘날까지도 '미래지향적 재즈'의 아이콘으로 회자된다. 1980년대 MTV를 화려하게 물들였던 이 음악의 뮤직비디오를 감상해 보시길.

그는 퓨전 재즈의 아이콘으로만 머물지 않았다. 2008년, 포크, 록, 재즈 등 다양한 장르를 넘나드는 캐나다 출신 싱어송라이터 조니 미첼*Joni Mitchell*의 곡을 재해석한 어쿠스틱 앨범《River: The Joni Letters 리버: 더 조니 레터스》로 재즈 앨범으로는 드물게 그래미 '올해의 앨범상'을 수상했다. 이렇게 그는 전통과 혁신을 넘나들며 재능을 유감없이 발휘하고 있다. 버드 파웰과 레스터 영을 모델로 한 영화 〈라운드 미드나잇 *Round Midnight*〉(1986)에서는 피아니스트이자 음악 감독으로 참여해 아카데미 음악상을 받았고, 영화 〈발레리안: 천 개 행성의 도시〉(2017)에서는 방위부 장관 역으로 깜짝 출연했다.

웨더 리포트

퓨전 재즈계에서도 전위예술로 유명한 밴드. 색소폰의 신이라 불리는 웨인 쇼터와 신시사이저를 자유자재로 다룬 키보디스트 조 자비눌*Joe Zawinul*은 마일스 데이비스의《Bitches Brew》레코딩에 함께 참여한 전우(?)들이며 밴드의 주축이다. 그들은 마일스 데이비스의 일렉트릭 밴드에서 함께 연주하던 시절의 실험정신을 그대로 안고 나와 새로운 밴드를 결성했다. 웨더 리포트*Weather Report*의 목표는 단순했다. '재즈, 록, 월드 뮤직, 전자 사운드를 전부 한데 섞어보자!'

초기에는 전자 악기와 어쿠스틱 악기가 공존하는 몽환적이고 추상적인 사운드로 출발했으나 별다른 주목을 받지 못하다가 1976년, '일렉트릭 베이스의 신'으로 불린 자코 파스토리우스*Jaco Pastorius*라는 새로운 기류를 만남으로써 밴드의 방향이 완전히 변모된다. 자코는 일렉트릭 베이스를 마치 노래하듯 연주했고, 화려한 멜로디라인은 밴드 사운드의 중심이 됐다.

그 결실이 바로 1977년의 명작《Heavy Weather 헤비 웨더》. 앨범의 대표곡 〈Birdland 버드랜드〉는 뉴욕에 있는 전설적인 재즈 클럽 '버드랜드'•에 바치는 경쾌한 헌사로, 경쾌한 멜로디와 세련된 편곡으로 퓨전 재즈 입문 곡으로 손꼽힌다. 같은 앨범의 〈Teen Town 틴 타운〉은 자코의 베이스가 곡을 완전히 이끌어가는 '베이시스트가 주인공'인 곡이다.

웨더 리포트의 음악은 단순한 퓨전 그 이상이었다. 아프리카, 남미, 동유럽 등 전 세계 민속 리듬을 끌어오면서도 전자 건반과 신시사이저를 적극적으로 활용해 사운드를 미래지향적으로 밀어붙였다. 자코의 죽음으로 1980년대 중반 밴드가 해산하기 전까지 그들은 매 앨범 새로운 기상도를 그려냈고 그 성과는 대부분 '맑음'이었다.

리턴 투 포에버

퓨전 재즈의 화려한 스펙트럼을 그린 밴드, 리턴 투 포에버

• 1949년 개장 이후 찰리 파커(Charlie 'Bird' Parker) 등 재즈 거장들이 활약한 재즈 역사의 상징적 장소이다. 버드랜드의 'Bird'는 찰리 파커의 별명에서 따온 것.

Return to Forever. 이 프로젝트의 심장부에는 피아니스트 겸 작곡가 칙 코리아가 있었다. 1970년대 초반, 그는 새로운 재즈의 가능성을 실험하기 위해

밴드를 결성했다. 초기에는 플로라 푸림*Flora Purim*(보컬), 에어토 모레이라*Airto Moreira*(퍼커션) 등이 참여해 라틴 리듬과 보사노바를 담은 부드럽고 서정적인 연주를 들려주었다. 그 시절의 리턴 투 포에버는 따뜻한 햇살 아래 해변에서 듣는 재즈 같았다.

하지만 중반 이후, 밴드는 전혀 다른 생명체로 변신한다. 일렉트릭 기타, 굉음의 드럼, 초고속 키보드 솔로가 폭발하는 록 기반의 사운드로 방향을 튼 것이다. 치열한 합주와 화려한 즉흥은 무대 위에서 마치 록 콘서트처럼 관객을 몰아붙였다.

이들의 대표곡 〈Spain 스페인〉은 스페인 작곡가 호아킨 로드리고의 아랑후에스 기타 협주곡의 아다지오가 도입부에 나온다. 이후 빠르고 리드미컬한 삼바 스타일로 전환되어 아름답고 화려한 멜로디와 즉흥연주가 이어진다. 경쾌하게 달리는 피아노와 기타, 리듬 섹션이 맞물리는 순간 "아, 이 곡! 들어봤지!" 딱 알게 된다. 스페인의 클래식 음악과 라틴 리듬이 섬세하게 어우러진 전설적인 퓨전 재즈곡으로 수많은 재즈

뮤지션에 의해 변주되었지만 역시 오리지널이 최고다.

리턴 투 포에버의 활동은 칙 코리아 개인의 위상과도 맞물린다. 그는 밴드 리더로서뿐 아니라 솔로 아티스트로서도 무려 그래미상을 23회 수상했는데, 이는 팝 스타들도 감히 넘보기 힘든 숫자다. 2021년 그가 세상을 떠난 뒤에도 수많은 후배가 그의 곡을 연주하며 헌정하고 있다.

여담으로 '코리아'는 본명인데 KOREA와 관련은 없다고 한다. 순전히 이름만으로 한국계라는 소문이 있었지만, 전혀 근거가 없다. 대신 내한 공연 시 "Hello, my country!(안녕하세요, 나의 나라!)"라거나 "Glad to be back to my country.(조국을 다시 찾게 되어 기쁘다)"라고 인사하며 한국에 대한 특별한 친밀감을 드러내러 한국 팬들을 즐겁게 해줬었다. 그립습니다, 코리아 아저씨.

마하비쉬누 오케스트라

퓨전 재즈의 전쟁터 한복판에서 가장 뜨겁게 불타올랐던 밴드, 마하비쉬누 오케스트라*Mahavishnu Orchestra*. 인도 신화 속 절대신 '비쉬누*Vishnu*'와 '위대한'이라는 뜻의 산스크리트어 '마하*Maha*'을 합하여 '위대한 비쉬누의 오케스트라'라는 뜻이다. 이름만 보면 인도 전통음악을 연주할 것 같지만 실제로는 인도 음악을 포함하여 록과 재즈, 전자 사운드가 폭발적으로 뒤섞인다. 리더인 영국 출신의 기괴한 속주 기타리스트 존 맥러플린은 마일스 데이비스의 《Bitches Brew》 세션에 참여하며 퓨전 재즈의 용광로를 직접 경험한 뒤 자신만의 더 뜨겁고 더 복잡한 밴드를 결심했다.

마하비쉬누 오케스트라 리더, 존 맥러플린

1971년 결성 당시 멤버 구성부터 압도적이었다. 제리 굿맨*Jerry Goodman*(바이올린), 얀 해머*Jan Hammer*(키보드), 릭 레어드 *Rick Laird*(베이스), 빌리 콥햄*Billy Cobham*(드럼). 각자 이미 실력자였던 연주자들이 모여 '슈퍼 밴드'라는 말이 아깝지 않았다. 이들은 록 밴드의 볼륨과 에너지, 재즈의 즉흥, 인도 음악의 미묘한 박자 변화를 결합한 독창적인 사운드를 만들어냈다.

첫 앨범《The Inner Mounting Flame 디 이너 마운팅 플레임》은 제목처럼 안에서부터 타오르는 화염 같았다. 초고속 유니즌*Unison*•, 변화무쌍한 박자, 그리고 숨 쉴 틈 없는 에너지가 한 트랙 안에 몰아쳤다. 첫 번째 트랙인 〈Meeting Of The Spirits 미팅 오브 더 스피리츠〉은 테크니컬하면서도 영적인 분위기를 자아내며 강렬한 기타 연주는 한 편의 장대한 록 음악을 연상시킨다.

● 여러 악기나 목소리 혹은 오케스트라 전체가 동시에 같은 음 또는 같은 멜로디를 연주하거나 부르는 것을 뜻한다.

후속작 《Birds of Fire 버즈 오브 파이어》는 한층 정교해진 작곡과 사운드로 밴드의 전성기를 완성했다. 타이틀곡의 불타오르는 기타와 바이올린의 교차는, 당시 로큰롤 관객마저 넋을 잃게 했다. 그러나 멤버들의 강렬한 개성들이 부딪히면서 1973년 밴드는 첫 해체를 맞는다. 이후 여러 차례 재편과 부활을 거쳤지만 초창기의 임팩트를 보여주진 못했다. 그렇지만 이들이 초창기 2~3년 동안 보여준 음악적 성취와 유산은 퓨전 재즈 역사에서 독보적인 존재감을 발휘하고 있다.

퓨전 재즈 트랙

〈Rockit〉, 허비 행콕
〈Watermelon Man〉, 허비 행콕
〈Cantaloupe Island〉, 허비 행콕
〈Chameleon〉, 허비 행콕
〈Birdland〉, 웨더 리포트
〈Teen Town〉, 웨더 리포트
〈A Remark You Made〉, 웨더 리포트
〈Black Market〉, 웨더 리포트
〈Spain〉, 리턴 투 포에버
〈No Mystery〉, 리턴 투 포에버
〈Romantic Warrior〉, 리턴 투 포에버
〈Meeting Of The Spirits〉, 마하비쉬누 오케스트라
〈Birds of Fire〉, 마하비쉬누 오케스트라
〈Vital Transformation〉, 마하비쉬누 오케스트라

스스로 재즈 학습 ⑤

주제	퓨전 재즈	
활동명	퓨전 재즈처럼 퓨전해 보기	
날짜	나의 점수는	★☆☆☆☆

1. 허비 행콕의 대표곡 〈Watermelon Man〉의 두 가지 버전 중 오늘의 기분에는 어떤 버전이 더 마음에 닿습니까?

〈Watermelon Man〉	
어쿠스틱 버전	일렉트릭 버전

2. 재즈의 역사가 된 마일신, 마일스 데이비스의 곡들입니다. 그가 만들어 낸 재즈의 갈래 중 여러분이 좋아하는 장르는 무엇입니까? (복수 답변 가능)

- 쿨 재즈 〈Move〉
- 하드밥 〈Airegin〉
- 모달 재즈 〈Blue In Green 〉
- 포스트밥 〈Footprints 〉
- 퓨전 재즈 〈John McLaughlin 〉

3. 퓨전 재즈는 록, 펑크, 라틴, 블루스 같은 여러 장르가 뒤섞여 만들어졌습니다. 재즈에 좋아하는 장르를 넣어 '나만의 퓨전 재즈'를 만들어 봅시다. 재즈에 판소리를 넣는다거나 아이돌 음악을 넣어보면 어떨지 상상해 보고 곡 제목도 생각해 봅시다.

♥수고하셨습니다♥

JAZZ

3부

재즈는 언제나 지금이니까

퓨전 재즈 그 이후

지금껏 재즈의 역사에 대해 살펴보고 있다. 설명의 편의를 위해 재즈의 변화 과정을 일직선 상에 늘어놓았는데, 이런 방식 때문에 혹여 마치 재즈가 걸어온 길이 직선이라고 생각할까 봐 걱정이 든다. 오해하지 마시길. 재즈라는 음악은 신라가 멸망하고 고려가 세워지고 고려가 망하고 조선이 들어선 것처럼 하나의 장르가 다른 장르에 의해 파괴되거나 잠식당한 것이 아니다. 스윙에서 비밥, 쿨 재즈와 하드밥, 모달, 프리, 퓨전을 거쳐 재즈는 늘 갈라지고 이어지고, 다시 갈라졌다. 비밥이 탄생했다고 스윙이 멈추지 않았고, 프리 재즈가 들어섰다고 하드밥이 명맥이 끊긴 것도 아니었다. 그들은 서로 영향을 주고받으며 각각의 자리에서 연주되면서 그렇게 120여 년의 시간이 흘러왔다.

이런 세월의 무게를 지내온 지금의 재즈는 너무도 다양해져서 이제는 더 이상 하나의 기준으로 묶기 어려울 정도다. 오랜 시간 수많은 시도와 흥망성쇠를 경험하며 진화를 거듭해 온 만큼 '이것은 쿨 재즈, 저것은 하드밥, 그것은 비밥'하고 딱 잘라서 말하기 어려운 시대인 것이다.

지금도 재즈는 새로움을 찾아, 혹은 이전의 것을 더 다듬기 위한 도전을 계속하고 있다. 트럼펫이나 색소폰, 피아노 같은 주로 사용하는 악기는 넘어서 침묵조차 연주에 들여오는 뮤지션도 존재한다. 예전에는 상상할 수 없는 자신만의 방식으로 재즈를 새로 쓰고 있다.

그러므로 재즈의 역사는 계속될 것이다. 비록 어딜가도 재즈가 흘러나왔던 1920년대와 같은 재즈 에이지를 다시 맞이할 수는 없겠지만, 누군가는 여전히 과거를 가다듬어 빛낼 것이고 또 누군가는 미래를 향해 새로운 음을 던지며 재즈를 변모시킬 것이다. 모습과 양상은 다를 수 있지만 그 모든 움직임이 재즈라는 이름 아래 공존할 것이라는 점은 분명하다. 재즈는, 언제나 지금이니까.

이런 시대에 우리는 재즈를 어떻게 받아들어야 할까? '이런 단순한 프레이징을 재즈라고 말할 수 있을까?'라던가, '즉흥연주를 할 수 없는 연주 따위를 재즈의 영역으로 받아들일 순 없지.' 같은 엄격한 잣대가 필요한지는 의문이다. 그저 방구석에서 재즈를 즐기는 처지라 조심스럽긴 하지만 그런 편협한 생각은 재즈의 미래에 도움이 되지 않을 것 같다.

재즈를 너무 무겁고 어렵게 생각하지 마시길. 그저 각 장르를 대표하는 뮤지션의 음악을 찾아 직접 들어보며 '하드밥은 좋은데, 프리 재즈는 안 맞네' 혹은 '로버트 글래스퍼*Robert Glasper*는 힙합이랄지 재즈랄지 헷갈리지만, 아무튼 좋네' 하는 어설픈 감상평을 늘어놓는 것이야말로 재즈의 지평을 넓혀가는 것이 더 오래, 더 즐겁게 재즈를 즐기는 방법이니까.

이번 3부에서는 재즈의 지평을 넓혀놓은 퓨전 재즈의 등장 이후 재즈 앞에 놓인 여러 갈래의 흐름을 따라가 볼 것이다. 그리고 재즈의 역사에서 빼놓을 수 없는 보컬리스트와 재즈 레이블의 이야기도 덧붙일 예정이다.

수많은 갈림길 앞에서 어떤 뮤지션은 전통으로 발걸음을 돌렸고 어떤 이는 대중적인 감성을 품었다. 유럽에서는 서늘하고 절제된 사운드가 자리를 잡아 일상의 배경으로 스며들었다. 힙합과 만나 거리의 리듬을 품기도 했으며 클럽과 전자음 속에서 완전히 새로운 얼굴로 변모하기도 했다.

그들이 선택한 방향은 조금씩 달랐지만, 모두가 공통의 목표를 가지고 있었다. 재즈를 현재로 연결하는 것. 과거를 되살리는 방식이든, 장르의 문턱을 낮추는 방식이든 혹은 아예 음악의 경계를 허무는 방식이든 말이다. 각 길에는 서로 다른 풍경이 펼쳐져 있지만 결국 모두 재즈라는 하나의 강에서 흘러나온 물줄기이다.

흐름 하나.
네오클래시시즘

퓨전 재즈가 록과 전자 악기를 품고 폭발적인 에너지를 뿜어내는 동안, 재즈의 또 다른 얼굴은 점점 희미해졌다. 빅밴드의 호흡, 비밥의 날카로움, 하드밥의 농밀함 같은 '재즈의 황금기'가 무대에서 물러나고 있었던 것. 이때 일부 뮤지션들은 속도를 늦추고 뒤를 돌아봤다. 새로운 미래를 상상하는 대신, 과거의 뿌리에서 길을 찾기로 한 것이다.

이 흐름이 '네오클래시시즘*Neoclassicism*'이다. 단어 뜻 그대로 '신고전주의'. 이들이 복원하려는 건 고전적인 재즈였다. 스윙의 리듬, 비밥의 비틀린 선율, 하드밥의 블루스적 울림을 그대로 꺼내 오되 연주 기술과 해석은 지금의 감각에 맞췄다. 재즈라는 오랜 유물에 새로운 숨을 불어넣은 것이다.

네오클래시시즘은 하나의 연주 스타일이나 장르라기보다

는 음악에 대한 태도에 가깝다. 실험보다 전통, 새로움보다 본질. 변화와 속도의 시대에 '지켜야 할 것'을 붙잡는 선택이었다. 그 선택은 종종 '보수적'이라는 평가받았지만 그 덕분에 재즈는 기초를 다시 다질 수 있었다.

네오클래시시즘은 단순히 과거에 대한 향수를 찾는 복고주의가 아니다. 과거의 음악을 오늘의 언어로 다시 연주함으로써 재즈가 여전히 살아 있는 음악이라는 주장에 대한 그 무엇보다 설득력 있는 증거를 내놓은 것이다.

윈튼 마살리스

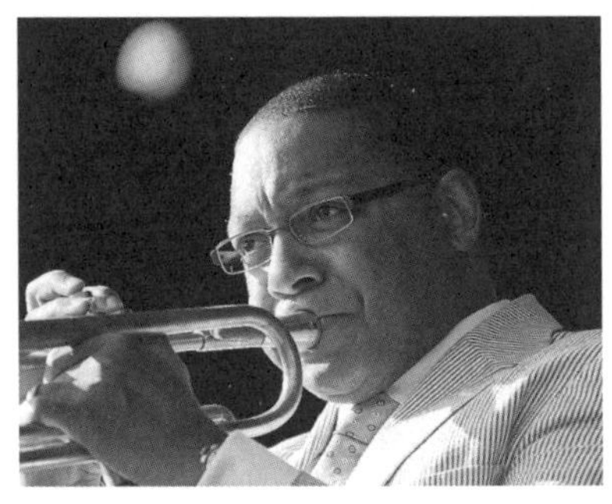

트럼펫 주자 윈튼 마살리스는 네오 클래시시즘의 기수이자 재즈를 '고전 예술'의 반열로 끌어올린 인물이다. 1980년대 초, 전통 재즈의 복원과 교육, 작곡, 공연을 아우르며 재즈의 근본을 지키는 데 평생을 걸었다. 링컨센터 재즈 오케스트라의 예술감독으로 활동하며 재즈를 미술관이나 콘서트홀의 품격 있는 무대에 올려놓았다. 재즈를 클럽에서 들리는 흥겨운 음악이 아닌, 보존하고 연구할 가치가 있는 '예술'로 인식시킨 뮤지션이었다.

그는 고전의 구조와 문법을 유지하면서도 현대의 공기와 감정을 불어 넣는다. 1985년 발매 앨범 《Black Codes(From the Underground) 블랙 코즈(프롬 더 언더그라운드)》의 타이틀곡인 〈black codes 블랙 코즈〉은 과거 비밥의 긴장감과 현대적 세련미가 공존하는 명곡이다. 1950년대 뉴욕의 작은 클럽을 그대로 재현한 듯한 곡, 대규모 오케스트라의 위엄이 느껴지는 곡 등 그의 작업은 스윙과 블루스의 언어를 기반으로 과거 대가들의 스타일을 정확하게 복원하면서도 단순한 모방에 머물지 않는다.

마일스 데이비스나 허비 행콕처럼 미래로 달린 세대와는 다른 길을 택했지만 그는 전통을 고수하면서도 동시대 청중과 연결하는 그만의 방식으로 재즈를 살렸다.

브랜퍼드 마살리스

앞서 나온 윈튼 마살리스의 친동생이자, 네오클래시시즘의 또 다른 얼굴로 평가받는 색소폰 주자. 전통을 존중하는 태도는 형과 같지만 음악을 대하는 자세는 더 유연했다. 브랜퍼드 마살리스*Branford Marsalis*는 재즈 무대뿐 아니라 클래식 공연, 심지어 록 밴드 무대에도 올랐다. 스팅*Sting*의 히트곡 〈Englishman in New York 잉글리시맨 인 뉴욕〉을 협업하며 널리 알려졌고 영화 음악과 팝 세션까지 영역을 확장했다. 스파이크 리 감독의 동명의 영화에서 사용된 사운드트랙 〈Mo' Bet-

ter Blues 모 베터 블루스〉는 재즈와 블루스가 만들어 내는 조화로운 선율이 귀를 사로잡는다.

브랜퍼드의 연주는 개방적이다. 비밥의 복잡한 구조를 탄탄하게 밟고 있었지만 필요할 땐 단순하고 멜로디컬하게 흐른다. 재즈의 깊이가 깔린 소리 위에 다른 장르의 향을 자연스럽게 얹는다. 덕분에 그의 음악은 형보다 덜 엄숙했고, 덕분에 더 폭넓은 청중과 만날 수 있었다.

그는 전통을 손상하지 않으면서 재즈의 외연을 넓히는 데 관심이 있었다. 그래서 형의 곁에서, 그러나 또 다른 길 위에서 네오클래시시즘을 완성했다.

🎺 네오클래시시즘 재즈 트랙 

〈Black Codes〉, 윈튼 마살리스
〈Delfeayo's Dilemma〉, 윈튼 마살리스
〈J Mood〉, 윈튼 마살리스
〈Mo' Better Blues〉, 브랜퍼드 마살리스
〈Eternal〉, 브랜퍼드 마살리스
〈The Ruby and the Pearl〉, 브랜퍼드 마살리스

흐름 둘.
컨템포러리 재즈

퓨전 재즈가 기술과 실험으로 미래를 향해 달려갔다면, '컨템포러리 재즈Contemporary Jazz'는 감성이라는 이름의 길을 택했다. 형식은 여전히 재즈지만 멜로디와 분위기는 팝·R&B·록의 궤도에 닿아 있다. 스윙의 복잡한 코드 진행보다 선율의 아름다움과 섬세한 터치가 중심이 된다. 어렵지 않고 귀에 착 붙는다.

'동시대Contemporary'를 뜻하는 이름답게 대중에게 낯설게 다가가지 않는다. 재즈 문법을 기반으로 곡에 쉽게 스며들 수 있도록 구조를 단순화했다. 서정적인 테마, 여유 있는 박자 그리고 공간을 살린 사운드가 어우러져 재즈는 더욱 대중적인 음악으로 탈바꿈했다. 그로 인해 재즈의 무대가 더 넓어졌다. 재즈 클럽에서 벗어나 영화, 드라마, 광고 속으로 스며들었고 일상의 배경음악이 되도록 이끌었다.

컨템포러리 재즈는 실험과 전통 사이에 다리를 놓았다. 지나치게 무겁지도 가볍지도 않은 위치에서, 한쪽 발은 재즈의 뿌리를 딛고, 다른 한쪽 발은 동시대의 감성 위에 올려놓고 재즈를 다시 대중의 감각과 연결했다.

팻 메시니

한국 별명은 '박만식'이다. 1970년대 후반 데뷔 이후, 그는 퓨전 재즈의 에너지를 품으면서도 보다 서정적이고 감성적인 영역으로 나아갔다. 버클리 음대 재학 시절부터 특유의 맑은 톤과 부드러운 기타 피킹으로 주목받았다. '팻 메시니 그룹'을 결성해 앨범마다 새로운 사운드 지형을 개척했고 어쿠스틱 기타와 신시사이저, 심지어 특수 제작된 기타를 자유자재로 넘나들었다.

팻 메시니*Pat Metheny*의 음악은 '풍경'을 떠올리게 한다. 한 곡 안에서 광활한 초원, 도시의 불빛, 새벽 바다의 고요가 차례로 스쳐 지나간다. 이는 복잡한 화성보다 선율의 흐름과 질감을 중시하는 메시니만의 방식이다. 브라질 음악, 민속 선율, 미니멀리즘 등 다양한 요소를 흡수하며 재즈 기타가 표현할 수 있는 감정의 폭을 크게 넓히기도 했다. 그의 대표곡 〈Are You Going With Me? 아 유 고잉 위드 미?〉는 부드러운 기타 사운드와 신시사이저가 한 호흡처럼 얽혀 만드는 몽환적인 분위기가 일품이다.

무엇보다 팻 메시니는 '감성적이지만 가볍지 않은 음악'을 만드는 뮤지션이다. 그의 음악에는 고요한 서정과 기술적 완성도가 함께 담겨 있다. 그렇기에 수많은 재즈 마니아가 그를 추종하는지도 모른다.

마이클 브레커

마이클 브레커*Michael Brecker*는 1970~1980년대 퓨전 재즈와 팝, 록 세션을 넘나들며 활약한 색소폰 주자다. 형인 트럼펫 주자 랜디 브레커*Randy Brecker*와 함께 '브레커 브라더스'를 결성해 재즈·펑크·록의 경계를 허물었다. 데뷔 초기에는 눈부신 테크닉과 폭발적인 에너지로 주목받았지만 시간이 흐를수록 음악의 중심을 감정과 흐름으로 옮겼다. 서정과 깊이를 전면에 내세우고 앨범 전체가 한 편의 이야기처럼 구성하여 감정에 따라가는 연주를 하는 뮤지션으로 자리매김한 것이다.

그의 연주는 빠른 음을 쏟아내기보다, 한 음 한 음을 또렷하게 들려준다. 각 음이 끝날 때마다 짧은 침묵이 있고 그 순간이 곡의 분위기를 만든다. 2006년에 녹음되어 2007년에 발표한, 백혈병 투병 중에 만든 앨범 《Pilgrimage 필그리미지》는

그의 삶과 음악을 집약한 마지막 스튜디오 앨범으로 그해 그
래미 상에서 최우수 재즈 기악 앨범 및 최우수 재즈 기악 솔
로상을 수상했다. '순례'라는 제목처럼 내면의 여정을 담은
듯 진중하면서도 영적인 연주로 채워진 걸작이다.

존 스코필드

존 스코필드*John Scofield*
는 마일스 데이비스 밴
드 출신으로, 전통 재즈
를 뿌리에 두면서도 장르
의 경계 밖을 탐험해 온
기타리스트다. 버클리 음
대 시절부터 날카로운 톤
과 변칙적인 프레이즈로 주목받았다. 1970년대 말에는 재즈
에 클래식과 컨트리 요소를 도입한 비브라폰 연주자 게리 버
튼*Gary Burton*과 혁신의 베이시스트 찰스 밍거스 같은 거장들
과 협연하며 입지를 다졌고, 1982년부터 약 3년간의 지속된
마일스와의 작업을 계기로 세계적인 명성을 얻게 됐다.

　그는 재즈를 중심에 두고 펑크, 블루스, 록, 심지어 컨트리까
지 섞는다. 스타일이 달라져도 스코필드 특유의 건조하면서도
깊이 있는 기타 톤은 변하지 않는다. 곡마다 입혀진 예상치 못
한 색깔을 감상하는 것이 그의 음악을 듣는 큰 재미다. 스코필

드 특유의 거친 기타 톤과 그루브가 돋보이는 〈Blue Matter 블루 메터〉는 1986년 앨범 《Blue Matter》의 타이틀곡으로 강렬한 펑크와 블루스, 재즈 퓨전 스타일이 조화를 이룬다.

스코필드의 솔로는 계획된 듯 보이지만 실제로는 즉흥에서 나온다. 복잡한 리듬 위에서 튀어나오는 기발한 아이디어가 분위기를 바꾸고 곧이어 절묘하게 수렴되어 완성된다. 이 균형이야말로 자유롭고 완성도가 높은 스코필드 음악의 핵심이 아닐까?

컨템포러리 재즈 트랙 

〈Are You Going With Me?〉, 팻 메시니
〈The First Circle〉, 팻 메시니
〈Last Train Home〉, 팻 메시니
〈Pilgrimage〉, 마이클 브레커
〈Midnight Voyage〉, 마이클 브레커
〈Itsbynne Reel〉, 마이클 브레커
〈Blue Matter〉, 존 스코필드
〈A Go Go〉, 존 스코필드
〈Chank〉, 존 스코필드

흐름 셋.
유럽 재즈 & ECM 사운드

재즈가 유럽에 뿌리를 내렸을 때, 그곳의 음악가들은 미국의 재즈를 그대로 따라 하지 않았다. 대신 유럽 대륙의 풍경과 기후, 민속 선율과 고전 음악의 감각을 재즈 속에 녹여냈다. 결과는 미국의 뜨거운 블루스와는 다른, 차갑고 서늘하며 깊이 있는 재즈였다.

이 흐름의 중심에는 1969년 독일에서 시작된 'ECM 레이블'이 있었다. ECM은 창립 초기부터 '침묵 다음으로 아름다운 소리*The Most Beautiful Sound Next to Silence*'라는 슬로건을 내세웠다. 음악과 음악 사이의 공간, 여백, 울림을 중요한 요소로 여긴다는 뜻이다.

ECM 사운드는 한 음이 끝난 뒤의 침묵까지 음악으로 만든다. 복잡한 화성이나 빠른 솔로보다 맑고 투명한 음색과 넓은 공간감을 우선한다. 그래서 음악은 북유럽의 설원처럼 고요하고 때로는 바람이 스치는 듯 부드럽다. 하지만 그 속에 담긴 감정은 결코 가볍지 않다.

키스 자렛

키스 자렛은 ECM을 대표하는 피아니스트다. 미국에서 태어났지만, 유럽에서의 활동과 ECM과의 긴밀한 협업 덕분에 유럽 재즈의 상징적인 뮤지션이 되었다. 그는 클래식, 재즈, 민속 선율을 넘나드는 연주로 장르의 경계를 무너뜨렸다. 무엇보다 그의 음악에는 '즉흥'이 중심에 있다. 악보 없이 무대에 올라 그 순간의 감정과 공간의 울림을 그대로 피아노에 옮긴다.

1975년 발표한 《The Köln Concert 쾰른 콘서트》 앨범은 그의 대표작이자 ECM의 상징 같은 앨범이다. 독일 쾰른 오페라하우스에서 열린 솔로 콘서트 실황으로, 온전히 즉흥으로 연주했음에도 선율은 놀라울 만큼 아름답고 구조적으로 완결되어 있다. 잔잔하게 시작해 점점 고조되는 26분의 즉흥연주 〈Köln, January 24, 1975, Part I (Live) 쾰른 재뉴어리 24, 1975, 파트 I〉만 들어봐도 '이걸 어떻게 즉흥적으로 연주할 수 있지?'

라고 생각이 들 만큼 경이롭다. 피아노의 한계를 없앤 명연
으로 평가받는 이 음반은 재즈 역사상 가장 많이 팔린 피아
노 솔로 앨범이다.

그의 연주는 소리와 침묵이 공존한다. 한 음이 울리고, 그
울림이 사라지는 순간까지 기다린다. 그 침묵은 다음에 나올
음을 더 선명하게 만든다. 마치 ECM의 슬로건처럼.

얀 가바렉

얀 가바렉*Jan Garbarek*은 노르웨이 출신의 색소폰 연주자로,
ECM 사운드를 북유럽의 이미지와 결합한 대표적인 인물이
다. 연주는 화려하지 않지만, 멀리 퍼져나가는 바람처럼 잔향
이 길다. 스윙이나 비밥의 촘촘한 리듬 대신 넓게 펼쳐진 공간
과 여백 속에서 음 하나하나를 또렷하게 들려준다.

그가 만든 사운드는 재즈라기보다 북유럽 민속 음악, 고전
음악, 현대 음악이 섞인 새로운 형식에 가깝다. 1978년 키스
자렛과 협업한 앨범 《My Song 마이 송》에서는 피아노와 색소
폰이 서로를 간섭하지 않고, 마치 서로의 울림을 기다리는 듯
한 호흡을 보여준다. 특히 타이틀곡 〈My Song〉은 담백한 멜
로디와 차분한 흐름이 미국 재즈와는 다른 ECM 사운드의 정
수를 보여준다. 이후에도 그는 합창, 전자 음악 심지어 중세
성가도 받아들이며 자신만의 길을 넓혔다.

칼라 블레이

폭탄은 맞은 듯한 독특한 머리 스타일만큼이나 다양하고 재미있는 음악을 들려주는 칼라 블레이 *Carla Bley*는 실은 정규 음악 교육을 받은 전공자가 아니었다. 원래 교회 오르간을 연주했었는데 열일곱 살 무렵 뉴욕으로 건너가 재즈 클럽에서 일하며 음악 세계와 처음으로 가까워졌다. 그곳에서 만난 인물 중 하나가 피아니스트 폴 블레이 *Paul Bley*였고, 그의 성을 따라 '칼라 블레이'라는 이름으로 불리게 된다.

정규 교육보다 현장에서 배운 경험이 그녀의 음악을 특별하게 만들었다. 덕분에 다른 연주자들이 익숙한 리듬과 화성 위에서 음악을 이어갈 때, 그녀는 예상치 못한 전개로 방향을 틀어 재치 있고 흥미로운 음악을 만들어냈다. 그런 성향이 집대성된 것이 바로 1971년 발표한 대작 《Escalator over the Hill 에스컬레이터 오버 더 힐》. 이 작품은 재즈, 록, 실험 음악이 섞인 전위적인 프로젝트로 그녀의 스타일을 전 세계에 알린 결정적인 앨범이 되었다. 이후 ECM에서 발표한 《Trios 트리오스》 앨범에 수록된 〈Útviklingssang 웃비클링상〉은 차갑고 절제된 연주가 오히려 슬픔을 더 배가시킨다. 여백을 살린 피아노, 간결한 화성 그리고 침묵조차 음악의 일부로 만드는 방식은 ECM의 미학과도 잘 맞아떨어졌다.

재즈뿐만 아니라 클래식, 오페라, 록, 월드 뮤직 등 다양한 장르를 융합하며 음악적 표현을 확장했다. 이후 독립 레이블을 설립해 직접 음반을 제작 및 유통함으로써 자신의 음악적 자유를 지키는 데 애썼다.

유럽 재즈 & ECM 사운드 재즈 트랙 

〈Köln, January 24, 1975, Part I (Live)〉, 키스 자렛
〈My Song〉, 키스 자렛&얀 가바렉
〈Country〉, 키스 자렛
〈Twelve Moons〉, 얀 가바렉
〈Molde Canticle〉, 얀 가바렉
〈Parce Mihi Domine〉, 얀 가바렉
〈Útviklingssang〉, 칼라 블레이
〈Lawns〉, 칼라 블레이
〈Reactionary Tango〉, 칼라 블레이

흐름 넷.
스무드 재즈

퓨전 재즈가 록과 전자 악기로 재즈의 영역을 넓혀놓았을 때, 그중 일부는 속도를 줄이고 분위기를 부드럽게 만들었다. '스무드 재즈*Smooth Jazz*'는 그 흐름에서 탄생했다. 화려한, 즉흥연주 대신 잘 다듬어진 멜로디와 매끄러운 연주 그리고 대중이 쉽게 받아들일 수 있는 편안한 사운드가 특징이다.

라디오, 카페, 호텔 로비, 자동차 안 등 스무드 재즈는 일상생활 속 배경음악으로 스며들었다. 감상자에게 부담이 없고 연주자에게도 대중과 만날 창구가 되어주었다. 하지만 '재즈의 본질'에 대한 논쟁도 뒤따랐다. 즉흥성과 긴장감을 줄이고 상업성을 택했다는 비판이었다. 스무드 재즈는 1980~1990년대에 전성기를 누렸고, 지금도 꾸준히 사랑받고 있다.

조지 벤슨

조지 벤슨*George Benson*은 스무드 재즈의 초석을 놓은 기타리스트이자 보컬리스트다. 1960년대 하드밥 기타리스트로 경력을 시작했지만, 곧 대중적인 감각을 품은 연주와 노래로 방향을 틀었다.

벤슨의 시그니처 스타일 중 하나는 기타와 스캣 보컬을 동시에 연주하는 것이다. 멜로디를 따라 입으로 흥얼거리며 연주하는 방식은 즉흥성에 인간적 온기를 더해준다. 이 매력은 1976년 앨범《Breezin' 브리즌》에서 절정을 맞았다. 부드러운 기타 멜로디로 전 세계 라디오를 장악했다. 빌보드 팝, 재즈, R&B 차트에서 모두 1위를 기록하며 재즈와 팝의 경계를 허물었다. 《Breezin'》의 수록곡 〈This Masquerade 디스 매스커레이드〉은 로맨틱한 분위기와 세련된 편곡이 돋보이는 곡으로 보컬과 기타가 자연스럽게 어우러져 있다. 그해 그래미상 올해의 레코드상을 받은 명작.

그는 스무드 재즈가 배경음악으로 소비되던 시절에도 뛰어난 연주력과 세련된 프로듀싱으로 음악성을 지켜냈다. 팝 발라드, 소울, 펑크까지 흡수하며 사운드를 확장했고, 퀸시 존스*Quincy Jones*● 같은 프로듀서들과의 협업을 통해 시대의 흐름

● 재즈, 팝, 소울, 영화 음악 등 장르를 넘나드는 미국의 전설적인 음악 프로듀서이자 편곡가, 트럼펫 연주자. 특히 마이클 잭슨의《Thriller 스릴러》,《Bad 배드》,《Off the Wall 오프 더 월》을 프로듀싱한 것으로 유명하다.

과도 호흡했다. 덕분에 그는 재즈 매니아와 대중 모두에게 사랑받는(이런 일은 상당히 드물다) 스무드 재즈 뮤지션이 되었다.

그로버 워싱턴 주니어

그로버 워싱턴 주니어*Grover Washington Jr*는 스무드 재즈의 문을 연 색소폰 연주자다. 1970년대 초반 필라델피아 소울과 재즈를 결합한 사운드로 주목받기 시작했고 대중이 쉽게 즐길 수 있는 부드럽고 그루브한 색소폰 연주로 자신의 색을 확실히 했다. 과시적인 기교보다 '노래하는 듯한' 연주를 추구했다. 보컬이 가사를 읊듯, 프레이즈 하나하나에 감정을 실어 불어넣는다.

1980년 앨범 《Winelight 와인라이트》는 그의 경력과 스무드 재즈의 방향성을 동시에 보여주는 대표작. 진솔한 목소리의 싱어송라이터 빌 위더스*Bill Withers*와 함께한 〈Just the Two of Us 저스트 더 투 오브 어스〉는 부드럽고 감미로운 색소폰 선율과 따뜻한 가사가 어우러진 스무스 재즈 명곡이다. 지금도 전 세계 많은 후배 뮤지션에 의해 리메이크되고 수많은 커버와 샘플링의 원천이 되고 있다.

그로버의 음악은 다양한 분야의 배경음악으로 사용될 만큼 편안했지만, 그 속에는 연주자로서의 정체성과 세련된 프로듀싱 감각이 내재해 있었다. 그는 상업성과 음악성이 균형 잡힌 스무드 재즈를 보여준 대표 뮤지션이다.

케니 지

케니 지Kenny G는 스무드 재즈를 전 세계에 각인시킨 색소폰 연주자이다. 소프라노 색소폰 특유의 맑고 부드러운 톤은 그의 트레이드 마크. 1980~1990년대 팝 차트 상위권에 오르며 재즈 연주자로서는 이례적인 상업적 대성공을 거뒀다. 그는 복잡한 즉흥연주보다 감정을 직관적으로 전하는 멜로디를 택했고, 덕분에 재즈를 모르는 사람들도 그의 음악에 쉽게 다가갈 수 있었다.

1986년 앨범 《Duotones 듀오톤스》의 〈Songbird 송버드〉는 케니 지의 이름을 세계에 알린 곡이다. 부드러운 선율과 여유 있는 템포가 어우러져 라디오와 영화, TV 광고에 끊임없이 사용됐다. 맑고 서정적인 멜로디로 스무드 재즈를 대중화하는데 혁혁한 공을 세웠다. 이어서 발표한 〈Forever in Love 포에버 인 러브〉로 그래미상을 수상하며 입지를 확고히 했다. 그의 음악은 결혼식, 호텔 로비, 카페 등 생활 속 곳곳에 배경음악으로 자리 잡았고 이는 스무드 재즈가 '일상의 사운드'로 자리매김하는 데 결정적인 역할을 했다.

물론 비판도 많았다. 즉흥성이 약하고 재즈의 전통과 거리가 멀다는 지적이 그것이다. 그의 연주를 '엘리베이터 뮤직'이라 평가절하하며 재즈 뮤지션으로 인정하지 않는 뮤지션이나 재즈 애호가도 많다. 하지만 그가 대중과 재즈를 연결하는 교량 역할을 했다는 점이나 재즈의 문턱을 낮춘 공로만큼은 부인할 수 없다. 누가 뭐래도 케니 지는 스무드 재즈의 상징이자 '재즈를 이렇게 가볍게 즐길 수 있다'라는 사실을 전 세계에 가르쳐준 인물이다.

스무드 재즈 트랙

〈This Masquerade〉, 조지 벤슨
〈Breezin' 브리진〉, 조지 벤슨
〈Give Me the Night〉, 조지 벤슨
〈Just the Two of Us (feat. Bill Withers)〉, 그로버 워싱턴 주니어
〈Winelight〉, 그로버 워싱턴 주니어
〈Let It Flow (For Dr. J)〉, 그로버 워싱턴 주니어
〈Songbird〉, 케니 지
〈Forever in Love〉, 케니 지
〈Silhouette〉, 케니 지

재즈와 힙합의 융합, 네오 소울

1990년대, 재즈는 무대 조명을 벗어나 뒷골목과 턴테이블 위로 소환되었다. 그곳에는 비트*Beat*와 랩*Rap*이 있었다. 힙합은 당시 흑인 청년 문화의 심장이었고 재즈는 그들의 뿌리였다. 힙합 뮤지션들은 오래된 재즈 레코드의 조각을 힙합 트랙 속에 심어 넣었다. 그리고 곧이어 샘플링에서 그치지 않고 실제 연주자와 래퍼가 한 무대에 서기 시작했다.

이 흐름은 심지어 마일스 데이비스까지 끌어들였다. 그의 생의 마지막 해, 그는 힙합 프로듀서 이지 모 비*Easy Mo Bee*와 함께 《Doo-Bop 두-밥》을 만들었다. 드럼 머신과 스크래치 위에 마일스 특유의 서늘한 트럼펫이 얹힌 이 앨범은 비평가들의 엇갈린 평가를 받았지만, 한 세대의 거장이 새로운 언어를 배우려 한 용기를 증명했다(존경합니다, 마일신 형님!).

그렇게 '재즈랩*Jazz Rap*'이라는 말이 생기고, 재즈·R&B·힙합을 자연스럽게 섞은 '네오 소울*Neo Soul*'이 등장했다. 힙합과 재즈, 이 둘이 만나는 건 어쩌면 운명이었다. 겉보기엔 전혀 다른 장르지만 재즈와 힙합은 같은 유전자를 공유한다. 즉흥과 자유, 우울과 반항. 어쨌든 재즈는 힙합이라는 자신과 꼭 닮은 젊은이와 어울리며 다시 젊음을 되찾았다.

어 트라이브 콜드 퀘스트

1990년대 초, 힙합이 거칠고 직선적인 사운드로 치닫던 시기에 어 트라이브 콜드 퀘스트*A Tribe Called Quest (ATCQ)*는 전혀 다른 길을 택했다. 그들은 마일스 데이비스, 론 카터*Ron Carter*, 아트 블레이키 같은 재즈 거장의 연주를 샘플링해 따뜻하고 여유로운 비트를 만들었다. 그 위에 재치 있는 가사와 유려한 플로우를 얹어 듣는 이를 고개 끄덕이게 하는 힙합을 완성했다.

〈Jazz (We've Got) 재즈 (위브 갓)〉는 제목 그대로 재즈 샘플과 힙합 비트의 완벽한 융합이다. 그들의 음악은 재즈를 힙합에 끌어온 수준이 아니었다. 재즈의 공간감, 미묘한 그루브 그리고 흑인 음악사의 연속성을 힙합이라는 새로운 그릇에 담아낸 것이었다. 덕분에 ATCQ는 재즈 힙합의 아이콘이 되었고, 이후 무수한 힙합·R&B 뮤지션에게 길을 열어주었다.

특히 1993년 그들의 세 번째 앨범 《Midnight Marauders

미드나이트 매러더스》는 부드러운 샘플링, 묵직한 드럼, 군더더기 없는 랩이 당시 힙합 씬에서 독보적이었다. 이 앨범은 당시뿐만 아니라 현재도 많은 프로듀서와 뮤지션에게 영감을 주며 재즈 힙합이 무엇인지 잘 보여준다.

디앤절로

1990년대 중반, 소울, 재즈, 힙합, R&B를 부드럽게 섞어낸 미국 대중음악에 새로운 바람 '네오 소울'. 이 흐름의 중심에는 디앤절로D'Angelo가 있었다. 그는 머리끝부터 발끝까지 소울 음악의 전통을 품었지만 복고 사운드에 머물지 않고 현대적인 리듬과 감각을 입혔다.

데뷔작 《Brown Sugar 브라운 슈가》는 전설적인 소울·R&B 가수 마빈 게이Marvin Gaye와 〈Isn't She Lovely 이즌트 쉬 러블리〉로 잘 알려진 천재 싱어송라이터 스티비 원더Stevie Wonder 같은 전설적인 소울 뮤지션의 감성과 힙합의 비트를 자연스럽게 섞어 만든 앨범이었다. 이 음반으로 디앤절로는 당시 R&B 장르에서 단번에 개성을 확실히 보여줬다.

2000년에 발표한 《Voodoo 부두》에서는 재즈, 펑크, 힙합이 복잡하게 얽힌 사운드를 선보였다. 특히 베이스와 드럼이 밀고 당기는 리듬은 힙합 특유의 반복적인 루프와 재즈의 흔들리는 스윙을 동시에 떠올리게 한다. 네오 소울의 걸작으로 평가받는 이 앨범으로 그래미상 베스트 R&B 앨범상을 받았다. 〈Spanish Joint 스패니시 조인트〉는 특히 재즈와 라틴 리듬을 결합하여 만들어낸 그루브가 인상적인 곡으로 디앤절로의 음악적 폭과 역량을 보여준다.

로버트 글래스퍼

로버트 글래스퍼는 뉴욕 재즈 신의 피아니스트지만 그를 재즈 뮤지션으로만 분류하기엔 재능이 넘친다. 그는 허비 행콕 이후 재즈가 다른 장르와 어떻게 소통할 수 있는지를 성공적으로 보여준 인물이다. 재즈와 힙합, R&B, 네오 소울을 자유롭게 넘나드는 그의 음악은 21세기 재즈의 새로운 얼굴을 만들었다.

그의 대표 프로젝트 '로버트 글래스퍼 익스페리먼트*Robert Glasper Experiment*'는 말 그대로 '실험실'이었다. 재즈의 화성과 즉흥연주를 기반으로 힙합의 샘플링 감각과 R&B의 멜로디, 전자 사운드까지 한 데 섞어냈다. 2012년 발표한 《Black Radio 블랙 라디오》는 빌 위더스, '네오 소울의 여왕'이라 불리는 에리카 바두*Erykah Badu*, 미국의 래퍼이자 프로듀서 루페 피아스코*Lupe Fiasco* 등 다양한 아티스트와 협업하며 그래미 '최고 R&B 앨범상'을 수상했다. 재즈 앨범이 R&B 부문에서 상을 받는 드문 사례였다. 〈Afro Blue(feat. Erykah Badu) 아프로 블루〉을 들어보면 재즈인가 힙합인가 그것이 문제랄까? 둘의 경계에 있는 편곡도 훌륭하지만 에리카 바두의 몽환적인 보컬이 매력적인 곡이다.

글래스퍼의 음악에는 공통된 DNA가 있다. 힙합의 '그루브'와 재즈의 '공간'을 동시에 느끼게 한다는 것. 덕분에 그는 전통 재즈 팬과 힙합 세대 모두에게 사랑받는 몇 안 되는 아티스트가 되었다.

🎺 네오 소울 재즈 트랙 

〈Jazz (We've Got)〉, 어 트라이브 콜드 퀘스트
〈Electric Relaxation〉, 어 트라이브 콜드 퀘스트
〈Scenario〉, 어 트라이브 콜드 퀘스트
〈Spanish Joint〉, 디앤절로
〈Brown Sugar〉, 디앤절로
〈Untitled (How Does It Feel)〉, 디앤절로
〈Afro Blue(feat. Erykah Badu)〉, 로버트 글래스퍼
〈Black Radio〉, 로버트 글래스퍼
〈Gonna Be Alright (F.T.B.)〉, 로버트 글래스퍼

흐름 여섯.
애시드 재즈

1980년대 말 런던 DJ와 밴드, 클럽과 거리 패션이 하나로 뒤섞이던 시기에 새로운 음악이 태어났다. 펑크의 리듬, 소울의 감성, 재즈의 화성과 즉흥연주 그리고 당시 막 성장하던 클럽 문화의 전자적 감각이 결합한 음악. 바로 '애시드 재즈*Acid Jazz*'다.

애시드 재즈는 하나의 라이프 스타일로 보는 것이 나을지도 모른다. 재즈 클럽과 댄스 플로어, 스트리트 패션과 그래픽 디자인까지 묶어낸 문화 현상이었기 때문이다. 음악적으로는 리얼 밴드 연주와 샘플링, 신시사이저가 공존했고 듣는 음악이면서도 춤추게 만든다는 점에서 이전 세대의 재즈와는 확실히 궤를 달리한다.

런던의 클럽을 중심으로 인코그니토*Incognito*, 더 브랜드 뉴 헤비스*The Brand New Heavies*, 자미로콰이*Jamiroquai* 같은 밴드들이 세계적으로 인기를 끌었다. 애시드 재즈는 재즈의 문턱을 낮추고, 젊은 세대가 재즈를 일상에서 즐길 수 있는 환경을 만들었다는 점에서 중요한 의미를 지닌다. 지금부터 애시드 재즈 3대장으로 불리는 세 밴드를 소개한다.

인코그니토

장 폴 '블루이' 몬익*Jean-Paul 'Bluey' Maunick*을 중심으로 결성된 밴드다. 이 밴드의 음악은 펑키한 베이스라인, 부드러운 소울 보컬, 재즈풍의 브라스 세션이 절묘하게 어우러져 있다. 무대 위에서 밴드와 관객이 하나가 되는 에너지로 클럽과 콘서트를 넘나드는 공연을 만들어왔다.

1991년 발표한 《Inside Life 인사이드 라이프》와 《Tribes, Vibes and Scribes 트라이브스, 바이브스 앤드 스크라이브스》는 애시드 재즈를 세계 시장에 알리는 데 중요한 역할을 했다. 특히 〈Don't You Worry 'Bout a Thing 돈트 유 워리 어바웃 어 싱〉은 스티비 원더가 부른 원곡을 애시드 재즈로 재해석하여 큰 사랑을 받아 인코그니토의 대표곡이 되었다. 덧붙여 애니메이션 〈싱〉의 등장인물 코끼리 소녀 미나의 맘보 버전도 매우 좋으니 검색하여 감상해 보시길 권한다.

인코그니토의 특징은 단순히 '연주를 잘하는 밴드'가 아니라는 점이다. 그들은 언제나 음악을 통해 긍정적인 메시지를 전했고, 재즈·소울·펑크·팝이 경계 없이 어우러질 수 있다는 것을 보여줬다. 덕분에 애시드 재즈가 클럽과 라디오, 재즈 페스티벌까지 모두 장악할 수 있었다.

더 브랜드 뉴 헤비스

펑크의 강렬한 리듬과 재즈의 화성, 소울풀한 보컬을 결합해 애시드 재즈 사운드를 구현한 런던 출신 밴드. 인코그니토가 부드러운 세련미를 강조했다면, 더 브랜드 뉴 헤비스는 좀 더 거친 펑크의 에너지와 라이브 밴드의 질감을 전면에 내세웠다.

댄스 플로어를 겨냥한 그들의 음악은 재즈 팬들을 만족시키는 연주력을 갖추고 있었다. 펑키하면서도 달콤한 멜로디가 돋보이는 이들의 초기 히트곡 〈Dream Come True 드림 컴 트루〉만 봐도 발매한 지 30년이 훌쩍 지났지만 낡은 느낌은 전혀 없다.

1990년대 초반 발표한 《The Brand New Heavies 더 브랜드 뉴 헤비스》와 《Heavy Rhyme Experience, Vol. 1 헤비 리듬 익스피어리언스 볼륨 원》은 밴드의 정체성을 확립한 앨범으로 꼽힌다. 특히 후자는 래퍼들과의 협업을 통해 재즈와 힙합의 접점을 찾기 위한 도전이라는 측면에서 높은 평가를 받는다. 펑크 브라스, 탄탄한 리듬 섹션 그리고 그 위에서 날아다니는 보컬 라인은 세련미가 흘러 넘친다. 전 세계 250만 장 이상의 음반을 판매한, 애시드 재즈 장르를 대표하는 밴드다.

자미로콰이

프런트맨 제이 케이*Jay Kay*의 독특한 보컬, 다양한 모자와 무대 퍼포먼스 그리고 펑크·소울·재즈가 절묘하게 뒤섞인 사운드로 세계적인 사랑을 받은 밴드. 애시드 재즈 붐의 중심에 있었지만 유행에 그치지 않고 그들만의 스타일을 확립했다.

〈Virtual Insanity 버추얼 인새너티〉가 세계적인 히트를 기록하며 그래미 '올해의 레코드'에 노미네이트되었다. 펑키한 피아노 리프와 제이 케이의 독특한 보컬이 인상적인 히트곡이다. 조금 과장을 보태자면 애시드 재즈가 무엇인지 알고 싶다면 이 한 곡만 들으면 된달까? 움직이는 바닥이라는 독창적인 콘셉트의 뮤직비디오 역시 음악 팬의 이목을 집중시켰다.

자미로콰이는 펑크의 에너지, 재즈의 화성, 팝의 멜로디 감각을 모두 갖춘 드문 밴드였다. 덕분에 애시드 재즈의 상징이자, 1990년대와 2000년대를 아우르는 장기적인 활동을 이어갈 수 있었다. 지금도 제이 케이의 모자만 보면 많은 이들이 즉시 펑키한 그들의 사운드를 떠올린다.

여담 하나. 국내 애시드 재즈 밴드 '클래지콰이'의 리더 DJ 클래지는 한 인터뷰에서 그들의 이름 속 '콰이'는 자미로콰이에서 따온 것이라고 고백하며 자미로콰이로부터 받은 음악적 영향과 존경심을 드러내기도 했다.

🎺 애시드 재즈 트랙 

〈Don't You Worry 'Bout A Thing〉, 인코그니토
〈Always There〉, 인코그니토
〈Still a Friend of Mine〉, 인코그니토
〈Dream Come True〉, 더 브랜드 뉴 헤비스
〈Never Stop〉, 더 브랜드 뉴 헤비스
〈Spend Some Time〉, 더 브랜드 뉴 헤비스
〈Virtual Insanity〉, 자미로콰이
〈Cosmic Girl〉, 자미로콰이
〈Canned Heat〉, 자미로콰이

목소리로 그린 재즈,
재즈 보컬의 역사

지금까지 연주곡 위주의 선곡에 약간 당황한 건 아닌지 걱정이다. '이봐, 작가 양반. 이제 가수 얘기할 때도 되지 않았수?'하는 원성(?)이 들리는 것 같다. 하지만 이해해 주시길. 재즈라는 음악이 애초에 연주곡으로 시작되었던지라 연주가 중심이라는 걸 부정할 수 없기 때문이다. 보컬이 중심이 되는 다른 대중음악과 달리 재즈에서 보컬은 악기 중의 하나로 간주된다. 의미가 없는 스캣으로 음을 펼치는 방식을 널리 활용하는 것도 악기로서의 보컬을 인정하고 있기 때문일 것이다. 트럼펫 곡의 역사, 색소폰 연주의 흐름과 같이 한 가지 악기를 중심으로 재즈를 설명하지 않듯이 보컬을 중심으로 재즈를 설명하는 건 어불성설이다.

그렇다 하더라도 우리가 연주보다는 보컬을 친숙하게 느

끼는 건 어쩔 수 없는 일. 그리하여 이번 장에서는 재즈 역사 속 보컬의 발자취를 따라가며 목소리로 재즈를 완성한 뮤지션들을 만나볼까 한다.

'지금껏 재즈의 역사를 봤는데 이번엔 보컬의 역사까지 알아야 해?'라는 부담은 잠시 내려두어도 좋다. '역사'라는 건 그저 서술의 편의를 위한 선택에 불과하다. 이번엔 피아노나 색소폰처럼 선율을 만들고 드럼처럼 리듬을 타며 음과 음 사이에 미묘한 뉘앙스로 감정을 싣는 보컬에 귀를 기울여 보시길. 여기 소개할 보컬리스트의 노래로 여러분의 플레이리스트를 더 풍성하게 만드는 것이 이번 장의 존재 이유니까.

초기 재즈, 연주의 그림자로서의 보컬

초창기 재즈 무대의 주인공은 '연주'였다. 코넷, 클라리넷 같은 악기들이 앞에서 멜로디를 이끌었고 목소리는 종종 간주 사이에 삽입되거나 짧게 곡을 소개하는 정도였다. 보컬이 단독으로 무대를 지휘하는 장면은 드물었기에 대중의 관심도 주로 연주자에게 쏠렸다. 지금의 관점에서 보면 당시 보컬 스타일은 단조로웠고 기교나 즉흥성에서도 한계가 뚜렷했다. 하지만 이 시기는 그저 재즈 보컬이 서서히 독자적인 영역을 확보해 가는 준비 단계였을 뿐이었다.

비시 스미스

이 시기에 가장 강렬한 빛을 발한 보컬리스트. '블루스의 여왕'이라는 별명처럼 그녀의 뿌리는 블루스였지만 노래에는 재즈 감각이 스며 있었다. 폭발적인 성량보다도 듣는 이를 음악 속으로 끌어당기는 감성이 주무기였다. 비시 스미스*Bessie Smith*의 노래에는 당시 흑인 사회가 겪던 가난, 차별, 사랑, 상실이 그대로 전해진다. 불안정한 시대를 살아가던 흑인 청중은 그녀의 노래에서 위로와 힘을 얻었다. 화려하게 치장하지 않았지만 단어 하나, 호흡 하나로 청중의 마음을 사로잡았다. 1920년대 초반 컬럼비아 레코드와의 계약을 통해 대규모 음반 판매를 기록했고, 이를 계기로 흑인 음악이 미국 대중문화 속에 뚜렷하게 자리 잡기 시작했다. 그녀의 이름을 널리 알린 첫 히트곡 〈Downhearted Blues 다운하티드 블루스〉을 들어보자. 녹음 상태는 시대를 그대로 담은 듯 깨끗하진 않지만, 보컬에 담긴 애절함은 낡지 않았다.

스윙의 시대, 보컬의 양대 문법이 탄생하다

빅밴드의 전성시대. 화려한 금관 악기 섹션과 경쾌한 리듬, 대규모 무대가 스윙 시대의 풍경을 만들었다. 이 시기 보컬은 단순히 연주 사이를 메우는 존재를 넘어 밴드의 사운드를 완성하고 곡의 정서를 결정짓는 중요한 위치로 올라섰다. 관객은 보컬이 나올 때마다 연주보다 더 큰 환호를 보냈고, 라디오와 음반 산업은 보컬리스트를 전면에 내세워 곡을 홍보하기 시작했다. 바로 이 시기에 재즈 보컬의 두 가지 '문법'을 결정지은 두 명의 인물이 거의 동시에 무대에 등장한다.

엘라 피츠제럴드

기술적 완벽함과 맑고 경쾌한 음색으로 '정석'의 길을 걸었던 보컬리스트. 한 치의 흔들림 없는 음정과 자유로운 스윙감, 듣는 이를 기분 좋게 만드는 청량함이 특징이었다. 18살의 어린 나이에 엘라는 드러머 치크 웹*Chick Webb*이 이끌었던 1930년대 스윙 시대를 대표하는 빅밴드인 치크 웹 오케스트라에 합류했다. 그리고 1938년, 빅밴드와 완벽하게 호흡하는 경쾌한 스윙과 대중성을 동시에 보여준 히트곡 〈A-Tisket, A-Tasket 어-티스켓, 어-태스켓〉으로 오케스트라는 전성기를 누렸다. 곧 전국적인 인기를 얻은 그녀는 스캣 창법에서도 독보적인 실력을 보여주었다. 그녀의 무대는 늘 밝았고 노래 속에는 춤추는 듯한 리듬이 살아 있었다.

빌리 홀리데이

빌리 홀리데이*Billie Holiday*는 엘라와 완전히 대척점에 있다. 그녀의 목소리는 맑지도, 힘차지도 않았다. 낮고 부드럽게 무너지는 음색과 뒤로 살짝살짝 밀리는 박자감이 그녀만의 서사를 만들었다. 빌리는 정확한 멜로디보다 감정의 흐름을 중시했다. 때문에 '부른다'라기 보다 '이야기를 풀어낸다'라는 느낌을 준다.

1939년 발표한 〈Strange Fruit 스트레인지 프루트〉에서는 인종 차별과 폭력을 고발하는 가사를 절제된 분노와 슬픔으로 불렀는데, 재즈 보컬이 사회적 메시지를 전할 수 있다는 예술의 기능을 입증한 명곡이다.

엘라가 스윙 시대의 '기교와 명료'를 상징했다면, 빌리는 '감정과 해석'의 힘을 대표했다. 두 사람의 스타일은 이후 재즈 보컬리스트들이 선택하게 될 두 갈래의 길이 되었고, 오늘날까지도 그 영향은 여전히 유효하다.

비밥이라면 목소리마저 악기처럼

빅밴드 재즈시대가 저물고 재즈는 스윙의 대중적인 리듬에서 벗어나 빠른 템포와 복잡한 화성을 특징으로 하는 비밥 시대로 접어든다. 소규모 캄보 편성, 높은 즉흥성, 예측 불가능한 멜로디 전개를 통해 연주자의 창의력을 극대화했던 비밥 스타일은 보컬에도 깊이 스며들게 된다. 가사 없이 음절만을 이용해 즉흥적으로 노래하는 스캣 창법이 본격적으로 주목받으면서 목소리는 서사를 전달하는 도구뿐만 아니라 일종의 '악기'가 되었다.

비밥 시대의 보컬리스트는 악기 연주자들과 대등한 위치에서 솔로를 주고받는 장면이 흔해졌고 곡의 구조와 화성에 대한 이해도 필수 조건이 되었다. 그들은 연주의 한 축으로서 때로 연주자를 능가하는 창의성과 기술을 보여주었다. 이는 재즈 보컬이 장식에서 벗어나 재즈라는 음악의 심장부에 서 있을 자격이 충분하다는 걸 입증한 것이었다.

엘라 피츠제럴드

이 흐름의 중심에는 여전히 엘라가 있었다. 스윙 시대의 스타였던 그녀는 비밥의 복잡한 구조 속에서도 완벽한 박자 감각과 청아한 음색을 유지하며 숨 가쁜 템포 위를 자유롭게 누볐다. 특히 빠른 템포인 〈How High the Moon 하우 하이 더 문〉

같은 곡에서 보여준 스캣은, 음 하나하나가 정확하게 화성을
타고 흘러가면서도 즉흥적 유희를 잃지 않는다. 그녀의 노래
를 듣다 보면 목소리가 마치 색소폰처럼 꺾이고 튀며 리듬 섹
션과 대화를 나누는 듯한 착각이 든다.

에디 제퍼슨

비밥 싱어 하면 또 한 명 빼놓을 수 없는 인물이 에디 제퍼
슨*Eddie Jefferson*이다. 그는 연주자의 솔로를 그대로 가사로 옮
겨 부르는 '보컬리스*Vocalese*'라는 형식을 개척했다. 색소폰이
나 트럼펫의 솔로 라인을 그대로 따라 부르면서 거기에 가사
를 입히는 것이다. 이런 천재적인 방식을 통해 그는 보컬이
연주의 해석자이자 창조자가 될 가능성을 보여주었다. 색소
폰 솔로를 가사로 옮긴 보컬리스 창법의 대표작인 〈Moody's
Mood for Love 무디스 무드 포 러브〉는 쉴 틈 없이 쏟아지는 가
사가 자유롭게 오르내리는 음정에 얹혀 색소폰처럼 펼쳐진다.

완성과 확장의 시기

1950~1960년대는 재즈 보컬의 기술과 해석력이 절정에
달한 시기였다. 전쟁이 끝나고 경제가 회복되면서 재즈는 클
럽과 극장, 라디오, 텔레비전까지 활동 무대를 넓혔고 보컬리

스트는 무대의 주인공이자 한 곡의 분위기와 서사를 지휘하는 예술가로 자리매김했다.

이 시기에 재즈 보컬은 대중성과 예술성을 동시에 움켜쥤다. 대중적인 스윙 재즈를, 즉흥적인 비밥을, 서정적인 발라드를 특기로 하는 각기 다른 색채의 보컬리스트들이 무대에서 공존하며 재즈 보컬의 스펙트럼을 이전보다 크게 넓혔다.

사라 본

재즈 보컬의 황금기를 상징하는 목소리 중 하나다. 클래식 발성에서 비롯된 넓은 음역과 유연한 호흡, 중저음의 음색은 사라 본을 '디바'라고 부르게 만들었다. 그녀는 음 하나하나 유영하며 청중을 몰입시켰다. 풍부한 호흡과 깊은 표현력이 돋

보이는 재즈 발라드의 스탠더드 〈Misty〉에서 들을 수 있는 긴 호흡과 완벽한 피치 그리고 절묘한 비브라토는 기술과 감성이 절묘하게 결합해 뮤지컬의 한 장면을 보는 듯한 착각에 빠진다. 그 덕에 사라 본의 노래는 한 편의 드라마처럼 뚜렷한 기승전결을 느끼게 된다.

프랭크 시나트라

이 시기를 대표하는 남성 보컬. 재즈와 팝의 경계를 자유롭게 넘나들며 절묘한 프레이징과 완벽한 발음을 무기로 삼았다. 프랭크 시나트라*Frank Sinatra*는 노래의 리듬을 미세하게 당기거나 늦추는 방식으로 곡에 숨을 불어넣었고, 이를 통해 대중과 평단 모두를 사로잡았다. 부드러운 스윙감과 절제된 로맨틱함이 완벽하게 결합된 〈Fly Me to the Moon 플라이 미 투 더 문〉을 부를 때 그는 과연 이 시대 최고라는 찬탄이 나온다. 그의 목소리에 잠재된 부드러운 스윙감과 절제된 낭만은 밀리언셀러 〈My Way 마이 웨이〉를 비롯한 수많은 명곡을 만들어낸 힘이다.

냇 킹 콜

부드럽고 따뜻한 바리톤 보이스로 재즈 보컬의 새로운 표준을 세웠다. 피아니스트로 경력을 시작한 냇 킹 콜*Nat King Cole*은 매혹적인 음색이 대중의 귀를 사로잡으며 보컬리스트로 더 큰 명성을 얻었다. 〈Unforgettable 언포겟어블〉이나 〈Mona Lisa 모나리자〉처럼 단순한 멜로디 속에서도 돋보이는 세련된 발성으로 로맨틱하고도 품격 있는 사운드를 완성했다. 솜사탕같이 부드러운 바리톤 보이스가 돋보이는 〈Unforgettable〉은 더욱 특별하다. 디지털 합성 기술로 그의 딸 나탈리 콜*Natalie Cole*이 아버

지와의 듀엣곡을 발매했기 때문이다. 1992년 그래미 시상식에서 실제 무대로 재현하여 큰 감동을 주었다. 꼭 들어보시길.

토니 베넷

이 시기를 감미롭고 부드러운 음색으로 노래하는 남성 보컬을 뜻하는 '크루너*Crooner*'의 시대라고 부르기도 한다. 토니 베넷*Tony Bennett*은 이 시대를 대표하는 크루너이자 그 세대를 마감하는 의미로 '마지막 위대한 크루너'라 불렸다. 재즈 스탠더드와 팝 발라드 모두에서 빼어난 해석력을 선보이며 세계적인 사랑을 받았다. 그는 나이가 들어서도 변함없는 음색과 무대 매너로 사랑받았으며, 특히 2014년과 2021년에 선보인 레이디 가가*Lady Gaga*와의 협업 앨범은 세대와 장르를 잇는 상징적인 작업으로 평가받았다. 그의 대표곡 〈I Left My Heart in San Francisco 아이 레프트 마이 하트 인 샌 프란시스코〉은

드라마틱한 해석이 빛나는 명곡으로 깔끔하고 부드러운 음색이 귀를 뻥 뚫는다.

대중성은 잃었지만 오히려 좋아

1970년대 이후 재즈 보컬은 주류 음악 무대에서 조금씩 뒤로 물러나기 시작했다. 팝, 록, 소울이 음악 산업의 중심을 차지하면서 재즈는 점점 전문가나 애호가의 음악으로 좁혀졌다. 하지만 보컬리스트들은 주눅들지 않았다. 오히려 주류의 압박에서 벗어나 자신만의 색깔을 찾는 실험을 시작했으니, 전통 재즈 보컬의 문법을 지키면서도 다른 장르의 요소를 과감하게 끌어들인 작품들이 속속 등장했다. 작은 클럽과 독립 레이블은 기꺼이 무대가 되어주었고 덕분에 재즈 보컬은 전통과 혁신이 공존하며 독창적으로 진화했다. 특정 형식이나 음색에 얽매이지 않은 실험정신은 다음 세대 보컬리스트들의 창작 방식에도 큰 영향을 주었다.

카산드라 윌슨

이 시기의 대표적인 실험적 보컬리스트. 카산드라 윌슨 *Cassandra Wilson*의 목소리는 낮고 깊으며, 부드러우면서도 강한 존재감을 발휘했다. 블루스, 포크, 월드 뮤직까지 흡수한 그녀의 사운드는 기존 재즈 보컬의 경계를 무너뜨렸다. 팝 가수 신디 로퍼*Cyndi Lauper*가 부른 〈Time After Time 타임 애프터 타임〉을 신시사이저와 어쿠스틱 기타가 어우러진 편곡 위에 절제된 감정을 얹어 팝 발라드를 완전히 새로운 재즈 발라드로 재탄생시켰다. 원곡과 비교하면서 들으면 팝과 재즈의 차이점을 직관적으로 확인할 수 있다. 화려한 기교보다 곡 온도와 분위기를 장악하며 곡을 이끌어가는 중성적인 보컬이 압권이다.

바비 맥퍼린

목소리로 할 수 있는 거의 모든 것을 해낸 인물이랄까? 그는 드럼 비트, 베이스라인, 화음, 심지어 관객의 반응까지 혼자서 구현했다. 공연 중 즉흥적으로 멜로디를 만들고 관객과 합창하며 자신의 몸과 목소리를 완벽한 밴드로 변신시켰다. 악기 없이 바비 맥퍼린*Bobby McFerrin*의 목소리만으로 채워진 〈Don't Worry, Be Happy 돈트 워리 비 해피〉는 전 세계적으로 사랑받았다. 한 사람의 목소리로 이게 가능한 건가 하는 감탄이 절로 나온다. 스캣, 비트박스, 보컬 퍼커션을 자유자재로 넘나들며 재즈 보컬이 어디까지 갈 수 있는지를 몸소 증명했다. 비트박스와 아카펠라의 선구자로 평가받는다.

현대 재즈, 경계와 감성의 확장

현대의 재즈는 더 이상 방송이나 무대라는 좁은 공간에 갇혀 있지 않다. 인터넷과 스트리밍 서비스의 확산은 국경과 언어를 넘어 전 세계 보컬리스트들이 다양한 청중과 만날 수 있는 기회를 열어주었다. 덕분에 과거에는 재즈 클럽이나 음반을 통해서만 접할 수 있던 보컬들이 유튜브와 SNS를 통해 단숨에 국제적인 주목을 받는 일도 생기게 되었다.

재즈 보컬은 더 이상 장르의 울타리에 갇혀 있지 않다. 스탠더드를 부르며 전통의 향기를 지키는 뮤지션도 존재하고 있으며 팝과 소울, 전자 음악과의 긴밀한 협업으로 재즈 보컬의 외연을 부지런히 넓히고 있는 보컬리스트도 있다. 전통적인 재즈 보컬의 기교를 유지하면서도 시대의 감성을 입혀 새로운 음악을 만들어 나가기도 한다. 재즈라는 과거의 유산, 오래된 형식에 현대의 감성을 얹어 지금, 여기의 이야기를 이어나가는 이들의 음악 앞에서 더 이상 재즈이냐, 아니냐를 따지는 일은 의미 없어 보인다.

노라 존스

시대의 감성이라는 옷을 입은 재즈 보컬을 논할 때 노라 존스가 빠지면 섭섭한 일. 블루노트에서 발매된 그녀의 데뷔 앨범 《Come Away With Me 컴 어웨이 위드 미》는 재즈의 서정성과 팝의 부드러운 멜로디를 절묘하게 섞어 전 세계적으로 2,000만 장 이상 판매됐다. 〈Don't Know Why〉에서 들을 수 있는 담백하고 따뜻한 음색, 자연스러운 프레이징은 재즈 애호가뿐

아니라 팝 청중까지 사로잡았다. 화려한 기교 대신 편안한 분위기와 섬세한 감정 전달에 집중하는데, 그 무심함이 오히려 깊은 위로가 될 때가 있다. 무너져가는 마음에 조용히, 그러나 가장 먼저 도착하는 목소리. 그래서 많은 이들에게 그녀는 힐링의 아이콘이다. 들을 때마다 뉴욕에 가 있는 착각에 빠지게 하는 〈New York City 뉴욕 시티〉는 꼭 챙겨 들어보자. 재즈와 팝의 경계에서 담백하고 부드럽게 울려 퍼지는 그녀의 매력을 담뿍 느낄 수 있다.

그레고리 포터

'현대의 정통 재즈 보컬'이라는 평가받는 최고의 보컬리스트. 스탠더드 곡과 자작곡을 자유롭게 오가며 소울과 R&B의 온기를 재즈의 틀 안에 녹여냈다. 미식축구 선수 시절 생긴 흉터를 가리기 위해 쓴 플랫 캡과 따뜻한 미소, 절제된 감

성이 돋보이는 깊이 있는 바리톤 보이스가 그레고리 포터Gregory Porter의 트레이드 마크. 〈Hey Laura 헤이 로라〉에서는 절제된 멜로디와 반복되는 코드 위에 애절한 가사를 실어 재즈가 여전히 강한 서사성을 품을 수 있음을 보여준다. 'Hey Laura, It's me'로 시작되는 가사를 듣는 순간 누구나 로라가 된다.

2014년 그래미에서 최우수 재즈 보컬 앨범을 수상하며 전 세계의 주목을 받기 시작했고, 이후 꾸준히 대중성과 예술성을 동시에 갖춘 음악을 선보이고 있다. 재즈가 현대에 와서도 여전히 살아 있는 장르임을 증명하는 대표 주자이다.

다이애나 크롤

차가운 듯 세련된 음색과 섬세한 피아노 연주, 재즈 스탠더드를 현대적으로 재해석에 탁월한 역량을 지닌 다이애나 크롤Diana Krall. 어릴 때부터 피아노에 천재성을 보여 보스턴의 버클리 음대에 장학생으로 입학했으나 엘라 피츠제럴드와 냇 킹 콜 같은 전설적인 보컬리스트의 영향을 받아 재즈계에 들어선다. 다만 그녀가 사랑했던 보컬의 따뜻한 음색 대신 본인이 지닌 시크하고 정제된 음색을 가다듬어 재즈 디바로 등극

했다. 그녀의 음악을 특별하게 만드는 또 하나의 요소는 피아노. 노래와 건반 사이를 오가는 손놀림은 마치 오래된 연인의 대화처럼 자연스럽다.

섬세한 피아노와 보컬이 절묘하게 어우러진 재즈 발라드 〈The Look of Love 더 룩 오브 러브〉를 추천한다. 시크하고 도회적인 매력이 물씬 풍기는 음색에 빠져보시길.

마이클 부블레

스윙과 팝을 자유롭게 넘나들며 전통 재즈의 매력을 세련된 팝 감성으로 재포장해 '현대판 크루너'라는 별칭을 얻었다. 마이클 부블레*Michael Bublé*는 여유 있는 미소와 재치 있는 멘트로 듣는 이를 편안하게 끌어들인 후 부드러운 바리톤으로 스윙 리듬을 유연하게 탄다. 수많은 스탠더드 리메이크를 통해 재즈를 한층 대중 친화적으로 만들어서 젊은 세대에게 일종의 재즈 입문서와 같은 역할을 하고 있다. 부드러운 보컬과 경쾌한 무대 매너, 대형 밴드와 호흡하는 능력을 모두 담은 〈Haven't Met You Yet 해븐트 멧 유 옛〉은 팝적인 멜로디와 재즈 스윙 리듬이 절묘하게 결합한 경쾌한 곡이다. 이상적인 사랑을 기다린다는 이 노래는 뮤직비디오에도 등장하는 아내에게 영감받아 쓴 거라고. 목소리만큼이나 로맨틱하다.

에스페란자 스팔딩

보컬과 베이스 연주를 동시에 소화하며 재즈에 현대적인 퓨전 감각을 더한 뮤지션 에스페란자 스팔딩*Esperanza Spalding*. 클래식한 재즈 화성 위에 록, 소울, 라틴, 클래식까지 융합하며 장르 경계를 허문다. 무대에서는 한 손으로 복잡한 베이스라인을 연주하면서 자유롭게 선율을 노래하는 모습이 인상적이다. 〈I Know You Know 아이 노우 유 노우〉에서는 경쾌한 멜로디와 탄탄한 베이스 그루브를 바탕으로 재즈 보컬이 얼마나 다채로운 가능성을 품고 있는지를 보여준다. 음악과 리드미컬한 보컬이 완벽하게 조화를 이룬다. 그녀를 21세기를 대표하는 재즈 뮤지션에 등극시킨 곡이다.

총 5회의 그래미상을 수상한 그녀의 음악은 재즈의 현재를 비추는 것에 그치지 않고 재즈의 미래를 그리고 있다는 평가를 받는다.

⟨Downhearted Blues⟩, 비시 스미스
⟨A-Tisket, A-Tasket⟩, 엘라 피츠제럴드
⟨Strange Fruit⟩, 빌리 홀리데이
⟨How High the Moon⟩, 엘라 피츠제럴드
⟨Moody's Mood for Love⟩, 에디 제퍼슨
⟨Misty⟩, 사라 본
⟨Fly Me to the Moon⟩, 프랭크 시나트라
⟨Unforgettable⟩, 냇 킹 콜
⟨I Left My Heart in San Francisco⟩, 토니 베넷
⟨Time After Time⟩, 카산드라 윌슨
⟨Don't Worry, Be Happy⟩, 바비 맥퍼린
⟨New York City⟩, 노라 존스
⟨Hey Laura⟩, 그레고리 포터
⟨The Look of Love⟩, 다이애나 크롤
⟨Haven't Met You Yet⟩, 마이클 부블레
⟨I Know You Know⟩, 에스페란자 스팔딩

재즈 레이블

재즈를 듣다 보면 뮤지션 이름만큼이나 자주 귀에 들어오
는 단어들이 있다. 블루노트, 버브, 임펄스, ECM… 이건 밴드
이름도 아니고, 앨범 제목도 아니다. 이 단어들은 재즈계의
출판사, 음반 레이블 이름이다. 각각의 재즈 레이블은 재즈라
는 음악을 더욱 풍성하게 만들었다. 블루노트는 그래픽 디자
인과 사진으로 재즈의 이미지에 세련을 입혔고 ECM은 고요
와 침묵을 연주하며 새로운 재즈의 길을 열어젖혔다. 그런 의
미에서 재즈 레이블이란 각자가 지닌 뚜렷한 음향 철학과 미
학을 음반으로 구현해 낸 예술가 집단이었다.

음반 커버 한쪽에 박힌 작은 로고는 그 음반의 정체성을 보
여주었다. 그래서 많은 재즈 팬은 아티스트 이름만큼이나 레
이블을 보고 음반을 구입한다. 마치 서점에서 출판사 로고를

보고 책을 고르는 애서가처럼. 이번 장을 읽고 나면 여러분도 해외여행에 레코드샵을 들르고 싶어 질지도 모른다(돈 쓸 일 만들어서 죄송합니다).

지금은 여러 사정(특히 자본 사정)으로 인한 인수 합병으로 소니나 유니버셜 같은 거대 음반 자본 산하의 독립 레이블로 대부분 소속되었다. 이런 상황에서도 나름의 개성과 다양성을 지키려는 그들의 노력에 주목해 보는 것도 재즈를 즐기는 또 다른 방식이다.

정제된 사운드의 미학, 블루노트

블루노트*Blue Note Records* 는 하나의 미학이다. 짙은 남색 커버와 흑백 사진, 간결한 타이포그래피 그리고 정교한 연주. 이 네 요소만으로도 블루노트라는 브랜드가 완성된다.

1939년 뉴욕, 알프레드 라이온과 프랜시스 울프가 만든 이 레이블은 재즈의 본질을 기록하고자 했다. 하드밥의 명반인 아트 블레이키 앤드 재즈 메신저스의 《Moanin'》, 리 모건의 《The Sidewinder》, 허비 행콕의 《Maiden Voyage》 등의 명반이 이곳에서 탄생했다. 세련된 편곡과 감각적인 디자인의 음반, 확고한 사운드 디렉션은 블루노트 특유의 정제된 분위기를 만든다. 시대가 바뀐 지금도 블루노트는 재즈의 품격을 상징하는 이름으로 남아 있다.

◉ 《Moanin'》

하드밥의 에너지와 그루브를 온몸으로 느낄 수 있는 명반. 활기찬 출근길이나 주말 아침, 기분을 끌어올리고 싶을 때 제격이다.

보컬 재즈와 보사노사의 고향, 버브

1956년 프로듀서 노만 그랜츠가 창립한 버브*Verve Records*는 재즈 보컬을 듣기에 가장 좋은 레이블이다. 엘라 피츠제럴드의 송북*Song Book* 시리즈•와 루이 암스트롱과 엘라 피츠제럴드의 듀엣 앨범, 사라 본의 명반 등 보컬 중심 재즈의 정수가 이곳에서 만들어졌다. 스탄 게츠와 조빔의 《Getz/Gilberto》도 빼놓을 수 없다. 과하지 않은 세련미, 고급스러운 여유가 돋보이는 버브의 정체성은 다이애나 크롤이나 멜로디 가르도*Melody Gardot*•• 같은 명가수들에 의해 이어지고 있다.

• 1950~1960년대 미국의 대표 작곡가들의 명곡을 엘라 피츠제럴드의 보컬로 담아낸 총 8장의 앨범. 재즈 및 미국 대중음악사의 기념비적 앨범 프로젝트.

•• 교통사고 후 재활 과정으로 음악을 시작한 보컬리스트 겸 송라이터. 사고 후유증으로 지팡이를 짚고, 선글라스를 쓴 채 무대에 선다. 재즈와 블루스, 샹송과 라틴을 아우르는 음악을 선보이고 있으며 2009년 버브에서 발매한 《My One and Only》로 국제적인 명성을 얻었다.

◉ 《Getz/Gilberto》

재즈와 보사노바의 황홀한 조화. 주말 아침 혼자 일어나 조용히 내리는 커피와 함께 흐르기 좋은 앨범이다.

거장의 성장기를 품은 프레스티지

프레스티지 레코드*Prestige Records*는 재즈 거장의 젊은 시절을 품은 레이블이다. 마일스 데이비스, 존 콜트레인, 소니 롤린스가 이곳에서 주요 초기작을 남겼다. 1949년 10대 때부터 재즈 음반을 팔았던 못 말리는 재즈광 밥 와인스톡이 설립한 이 레이블은 '있는 그대로'를 담아내는 데 집중했다. 대개는 리허설 없이 현장 그대로의 연주를 기록한 잼 세션 분위기의 음반이 많다. 연주자의 자율성과 즉흥성을 최대한 존중하는 녹음 방식을 고수한 것이다. 투박하지만 에너지와 열정이 넘치는 프레스티지는 재즈가 가장 뜨거웠던 시기의 공기를 고스란히 간직하고 있다.

◉ 《Saxophone Colossus》

소니 롤린스의 재치 있는 즉흥연주의 정수를 맛볼 수 있는 앨범. 머리가 무거운 날, 신선한 자극이 필요할 때 들으면 흥이 오른다.

어렵지만 왠지 멋져, 임펄스!

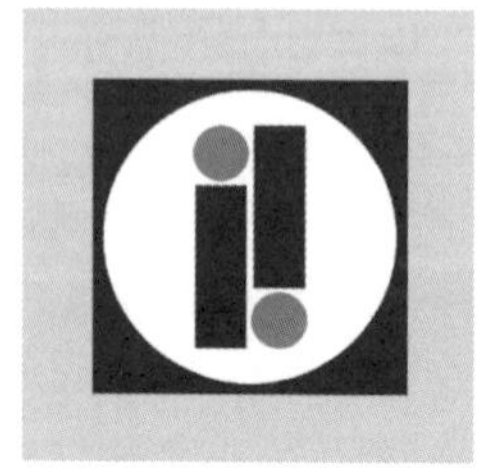

임펄스 레코드*Impulse! Records*는 1960년 설립된 재즈 레이블로 존 콜트레인 전성기의 주요 작품을 남긴 곳이다. 《A Love Supreme》, 《Ascension》, 《Africa/Brass》 같은 명작들이 발표되었기에 '콜트레인의 집'이라고 불리기도 한다.

재즈가 사회와 정면으로 마주하던 1960년대, 임펄스는 아방가르드와 프리 재즈의 실험을 환영한 드문 공간이었다. 존 콜트레인 이후의 급진적인 사운드는 이곳에서 꽃피웠다. 폭발적이고 신비한 연주와 해방의 제스처에 집중한 음반들. 편안하게 감상하기 쉽진 않지만 그 시대의 진심을 알고 싶다면 반드시 거쳐야 할 문이다.

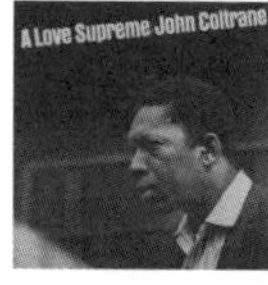

◉ **추천 음반 《A Love Supreme》**

존 콜트레인의 영적인 각성을 음악으로 풀어낸 명작. 영적인 연주가 명상으로 이끈다.

고요한 감성이 흐르는 리버사이드

리버사이드*Riverside Records*는 묵직한 감성과 섬세한 연주를 담은 음반으로 존재감이 빛난다. 빌 에반스, 델로니어스 몽크, 재즈 기타리스트 웨스 몽고메리*Wes Montgomery* 같은 이들이 이곳에서 가장 깊은 연주를 남겼다는 사실만으로도 이 레이블의 정체성은 분명해진다.

1953년, 재즈 평론가 오린 킵뉴스와 프로듀서 빌 그라우어 주니어가 만든 리버사이드는 원래 잊힌 1920년대 블루스와 포크 음반을 복각하는 데서 시작했다. 하지만 곧 모던 재즈의 음반 제작으로 노선을 전환해 재즈사에 굵직한 획을 그은 음반들을 쏟아 내기 시작했다.

리버사이드는 기술보다는 분위기, 속도보다는 깊이를 선택한 레이블이었다. 아티스트의 자율성과 음악적 환경을 존중하면서 과장 없이 있는 그대로 연주를 담으려 했다. 지금도 리버사이드의 음반은 조용한 시간에 더 잘 어울린다.

◉ 《Sunday At The Village Vanguard》

부드러운 터치와 섬세한 감성이 종소리처럼 울리는 앨범. 좋아하는 책 한 권, 맥주 한 잔에 곁들이기에 이 앨범보다 좋은 선택은 없다.

침묵 다음으로 아름다운 소리, ECM

1969년 독일에서 창립된 ECM은 '사운드의 북극'이라 불릴 만큼 고요하고 정제된 음악을 지향해왔다. 'Edition of Contemporary Music'이라는 이름처럼 재즈와 클래식, 즉흥과 작

곡의 경계를 유연하게 넘나든다.

ECM의 음악은 대체로 잔잔하며 차갑지만 북유럽 풍경처럼 가슴에 오래 남는다. 세상일이 내 맘 같지 않을 때 ECM 음반 하나를 집어 들어 보자. 살짝 볼륨을 낮추고 눈을 감는 순간 곧바로 명상에 빠져들 수 있다.

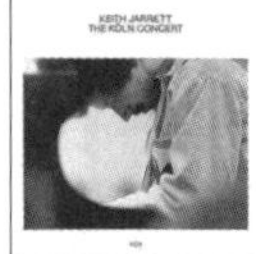

◉ 《The Köln Concert》

피아노의 결함과 극도의 긴장 상태를 이겨낸 키스 자렛의 혼신의 연주를 들을 수 있다. 귀에 들릴 듯 말 듯 한 볼륨으로 감상하면 와인 한 잔이 생각날 것이다.

비밥의 시작점, 사보이

1940~1950년대 재즈의 한가운데 있던 사보이*Savoy Records*는 비밥의 태동을 기록한 레이블로 유명하다. 찰리 파커, 디지 길레스피, 마일스 데이비스의 초기 녹음이 대부분 이곳에 남아 있다.

뉴욕 할렘의 분위기를 고스란히 담은 이 레이블은 라이브 클럽의 생생한 감각과 녹음실의 정제되지 않은 거친 에너지를 함께 담아내는 데 성공한다. 스윙에서 비밥으로 넘어가는 과도기, 재즈가 '춤추는 음악'에서 '듣는 음악'이 되던 시기에 모던 재즈의 탄생을 가장 가까이에서 지켜본 레이블이다. 사보이는 그 전환의 소리를 충실하게 담아낸 기록자였다.

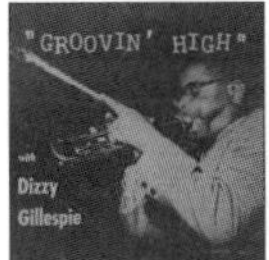

● 《Groovin' High》

디지 길레스피와 그의 협업 아티스트들의 최고 연주를 모은 컴필레이션 음반. 비밥의 역동성을 고스란히 느낄 수 있다.

고전에 대한 우직한 고집, 콩코드

1973년 미국 캘리포니아 콩코드에서 사업가이자 재즈 팬인 칼 E. 제퍼슨에 의해 설립된 콩코드*Concord Records* 재즈는 고음질의 모던 재즈 앨범으로 주목받는다. 당시 유행과는 거리가 있던 스윙과 보컬 재즈에 꾸준히 집중하며 우직한 모습을 보여준다.

부드럽고 따뜻한 음색의 보컬리스트 멜 토메*Mel Tormé*, 레이 브라운*Ray Brown* 같은 전통파 아티스트들이 이곳에서 오랜 시간 활동했다. 특히 스캣과 보컬리스, 다이내믹한 라이브 퍼포먼스로 유명한 커트 엘링*Kurt Elling*은 2009년 그래미상을 받으며 콩코드와 함께 현대 재즈 보컬의 중심에 섰다.

복고적이라는 평가도 있었지만 반대로 말하면 '클래식한 재즈의 안전지대'였다. 연주와 녹음 모두 깔끔하며 편곡도 안정적이다. 뛰어난 연주력과 프로덕션, 고품질 사운드로 재즈 애호가 사이에 높은 평가를 받는 레이블이다.

◉ 《Dedicated to You: Kurt Elling Sings the Music of Coltrane and Hartman》

적당한 빈티지 감성이 깃든 부드럽고 정갈한 보컬. 퇴근길에 차 안에 틀어놓으면 편안한 기분이 든다.

역사적 순간과 함께, 콜롬비아

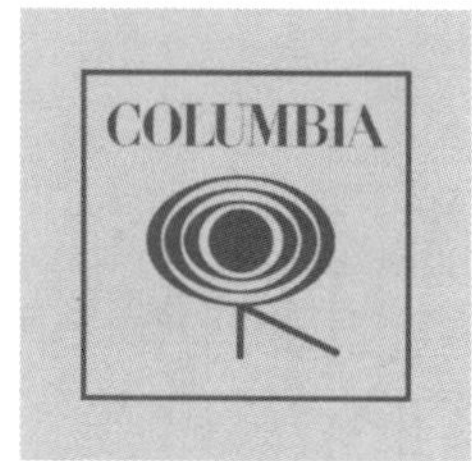

콜롬비아*Columbia Records*는 재즈의 여러 결정적인 순간을 담아낸 무대 같은 레이블이다. 마일스 데이비스의 《Kind of Blue》, 데이브 브루벡의 《Time Out》, 웨스 몽고메리의 《The Incredible Jazz Guitar of Wes Montgomery》 등 재즈사에 길이 남을 음반들이 이곳에서 나왔다. 특히 마일스 데이비스는 모달 재즈, 퓨전 재즈, 일렉트릭 사운드까지 쉼 없이 변주하며 그 모든 실험의 기록을 콜롬비아 레이블이 함께했다.

콜롬비아는 재즈 전문 레이블은 아니지만 재즈가 대중음악과 어깨를 나란히 하던 시대를 증명하는 흔치 않은 이름이다. 규모도, 영향력도 컸던 레이블 중 하나. 이 레이블에서 나온 재즈는 역사의 큰 획을 그은 작품이 많다.

◉ 《Kind of Blue》

누구에게나 권할 수 있는 재즈의 정석. 기분 좋은 주말 잠들기 전에 들으면 따뜻한 욕조에 들어선 듯 온몸이 나른해진다.

고전 재즈의 노스텔지어, 비너스

비너스 레코드*Venus Records*는 1990년대 일본에서 탄생했다. 진공관 마스터링, 따뜻한 아날로그 사운드, 고전 회화풍의 커버 아트까지. 처음부터 끝까지 아날로그 감성을 품고 있다.

피아노 트리오와 재즈 보컬 중심의 레퍼토리는 스탠더드 재즈를 좋아하는 이들에게 최적화돼 있다. 에디 히긴스, 서정적인 터치로 연주하는 발라드가 전매특허인 피아니스트 스티브 쿤*Steve Kuhn*, 굵고 따뜻한 톤과 하드밥 전통에 충실한 연주 스타일을 지닌 테너 색소폰 연주자 에릭 알렉산더*Eric Alexander* 같은 미국 뮤지션들이 일본에서만 발표한 독점 음반도 많다.

비너스에서 제작된 모든 음반의 음질이나 연주 완성도는 모두 최고 수준이다. 소리를 위한 음반이자 공간을 위한 음악이랄까? 누군가 정통 재즈가 무엇인지 묻는다면 이 레이블에서 한 장 꺼내 들면 된다.

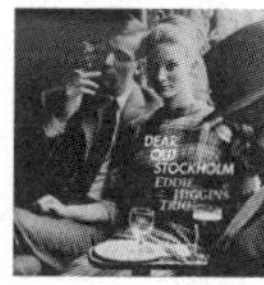

◉ 《Dear Old Stockholm》

따뜻하고 부드러운 피아노 트리오. 조용한 저녁, 마음을 내려놓고 싶을 때 제격이다.

JAZZ

재즈
트랙

재즈를 권하는 마음

음악을 추천하는 방식에는 여러 가지가 있다. "이건 명반이니까 반드시 들어야 해. 듣지 않으면 재즈 팬이라 할 수 없어." 백과사전처럼 권위 있게 나열하는 방식. 이런 추천은 내 취향은 아니다. 왠지 '숙제 검사'처럼 느껴진달까, 취향이 맞지 않는데도 왠지 별로라고 말하면 안 될 것 같은 압박감이 느껴진달까?

내가 선호하는 방식은 이런 식이다. "나는 이 곡을 마음이 울적할 때 들었는데 참 좋더라고요. 당신도 한번 들어보는 건 어때요?" 하고 다정하게 툭 건네는 것. 별로면 별로라고 말해도 되고 곡이 마음에 들더라도 추천자와는 다른 이유여도 되고. 숙제라기보다는 이야기를 나누는 느낌. 다같이 들어보자고 하는 음악 추천은 좀 가벼워도 좋지 않을까?

4부의 재즈 트랙은 두말할 것도 없이 후자다. 술자리에서 안주 하나 슬쩍 집어 권하듯, 혹은 퇴근길에 들려온 노을을 함께 바라보자고 손짓하듯 건네는 마음이다. 그래서 여기에는 특별한 체험담도, 거창한 음악적 분석은 없다. 그저 내 일상 구석에서 불쑥 찾아온 재즈 한 곡을 소개할 뿐이다. 싱크대 앞에서 쌓인 그릇을 닦다가 트럼펫 소리에 위안을 얻고, 가을 전어의 고소한 맛에 맞춰 색소폰이 곁을 내주고, 노을이 내리는 퇴근길에 피아노 선율이 나를 달래주는 순간들 말이다. 거창하지 않고, 거창할 수도 없는, 그저 흘러가는 하루의 장면 속에서 만난 재즈 이야기.

영화 평론가 이동진 씨가 자신의 유튜브 채널 '파이아키아'에서 즐겨듣는 록 밴드의 앨범을 소개한 적이 있다. 주옥같은 명곡을 실컷 펼쳐놓고는 프로그램 끄트머리에 이렇게 덧붙인다.

"한 사람이 다른 사람에게 마음으로부터 선물할 수 있는 가장 곡진한 선물이 바로 음악 같거든요."

정말이지 공감되지 않을 수 없는, 이 멋들어진 말에 자극받아 나도 슬쩍 따라해봤다. 여기에 담은 열 곡은 바로 그런 마음으로 여러분께 준비한 선물이다.

물론 내가 설거지할 때 들었던 곡이 여러분에겐 새벽의 산책과 더 어울릴 수도 있다. 내가 가을 전어를 씹으며 들었던 곡을 당신은 커피 한 잔과 함께 즐길 수도 있다. 이 추천의 묘미는 바로 거기에 있다. 특정한 곡을 특정한 상황에 고정하는 게 아니라 내가 일상에서 재즈와 함께 우연히 발견한 순간을 나눔으로써 나와는 다른, 그러나 여러분에게는 특별할 순간이 만들어지길 기대하는 것.

여기에 담긴 열 곡을 하나씩 들어보면서 여러분의 하루에 어떤 자리를 내어줄지 확인해 보시길. 설거지를 닦아내는 손길이 조금 더 가벼워진다거나, 빗길을 걸을 때 발걸음이 살짝 경쾌해진다거나, 아니면 "〈Autumn Leaves〉는 가을 전어랑 들어야 제 맛!"이라는 쓸데없는(?) 깨달음을 얻는다든가 하는 것도 모두 다 음악이 주는 선물이라는 걸 깨치게 될 것이다. 그리고 그걸 깨닫게 되는 순간 언젠가 여러분도 다른 누군가에게 그 선물을 건네게 될 것이다. 음악 추천이라는 곡진한 선물이 릴레이처럼 이어지는 순간, 이 책의 목적은 작게나마 달성된 셈일 테다.

Track 1.

설거지할 때

 **〈I'll Close My Eyes〉, 블루 미첼 쿼텟** 

본명은 리처드 앨런 미첼. 특유의 블루스 감각 넘치는 톤 때문에 '블루'라는 별명이 붙었다. 호레이스 실버 밴드의 트럼페터로 하드 밥 시대를 주름잡았다.

요리를 못하는 사람일수록 설거짓거리가 많은 법이다. 큰 맘 먹고 일을 벌인 다음이면 주방은 초토화되기 마련. 그릇이란 그릇은 죄다 나와 있고 여섯 개가 넘는 숟가락, 그것보다 더 많은 젓가락이 그릇 사이사이에 꽂혀 있다. 기름을 닦아낸 키친 타월은 개수대 위에 뭉쳐져 있고 딴엔 깔끔한 체한답시고 끼었던 비닐장갑 여럿은 아무 데나 널브러져 있다. 사정을 모르는 누군가가 이 꼴을 봤다면 사건 현장쯤으로 여길 법하다.

더 이상 식구들에게 미안할 일을 만들 수 없으므로 이 '현장'은 내 손으로 직접 수습해야 한다. 한숨을 크게 한 번 내쉰 후 블루투스 스피커를 연결한다. 꽤 길고 힘든 시간이 될 테니 선곡을 신중히 해야 한다. 너무 빠른 템포의 곡은 안 된다. 템포에 끌려가서 페이스를 잃어버리면 중간쯤에 포기하게 될 테다. 너무 느려서도 안 된다. 음과 음 사이의 벌어진 틈새를 타고 '내가 이 고생하려고 요리를 한 게 아닌데'로 시작해 '나는 수많은 설거짓거리를 스스로 만들려고 태어난 건가' 하며 비관으로 빠져들 수 있다. 고작 설거지 때문에 우울해지고 싶지는 않다.

적당히 어깨를 들썩이고 발을 까딱거릴 수 있는 박자에 부웅부웅 관악기의 혼*horn*이 들어간 콰르텟이었으면 좋겠다. 설거지엔 아무래도 피아노 트리오보다는 트럼펫의 그루브가 제격이다. 음악 스트리밍 앱 화면을 이리저리 넘겨보다 블루 미첼*Blue Mitchel*의 《Blue's Moods》 앨범에서 멈춘다. 홀로 싱크대 앞에 서 있는 처지인 터라 빛바랜 파란색 배경에서 트럼펫을 부는 고독한 사내가 나온 앨범 재킷에 순간 감정 이입된다. 손에 쥔 담뱃갑, 부유하는 담배 연기도 운치가 있다.

첫 곡 〈I'll Close My Eyes〉을 누른다. 경쾌한 피아노와 가벼운 베이스의 울림이 마음에 든다. 이윽고 블루 미첼의 정갈한 트럼펫이 곡으로 진입한다. 이거다! 이 정도면 수세미에 세제를 묻힐 맛이 난다. 부드러운 프레이즈로 연주를 이어가는 트럼펫 솔로에 마음이 가볍다. 오르락내리락하는 리듬 속에서 푹 빠져 가볍게 어깨를 들썩이며 양념이 그득그득 묻은 그릇을 하나씩 꺼내 들고 설거지를 시작한다. 달콤한 선율의 트럼펫 연주가 끝나면 윈튼 켈리*Wynton Kelly*의 피아노가 바통을 이어받는다. 통통 튀듯 곡을 거니는 베이스를 타고 춤추는, 발랄한 피아노에 맞춰 거품 묻은 그릇을 물로 씻어낸다. 성에 차지 않으면 손을 대어 뽀득거릴 때까지 문지른 후 건조대에 올려둔다. 물이 잘 빠지도록 겹치지 않게 신경을 쓰며 싱크대 주변 물기를 행주로 훔치는 걸로 길었던 설거지를 마무리한다. 내가 할 수 있는 일은 여기까지. 그릇 건조는 주방에 난 작은 창문으로 불어오는 바람에 맡긴다.

깨끗해진 주방에 '아, 나 열심히 살고 있구나' 하는 뿌듯함과 만족감이 밀려온다. 다시 블루 미첼의 트럼펫에 귀를 기울인다. 그의 명징한 연주를 듣고 있으니 깔끔하게 내린 커피가 생각난다. 설거지 후에 커피 한 잔 그리고 재즈. 이만하면 훌륭한 하루다.

Track 2.
문득 피아노를 치고 싶을 때

 〈Dat Dere〉, 바비 티몬스 

하드 밥과 소울 재즈를 대표하는 피아니스트 겸 작곡가. 아트 블래이키 재즈 메신저스와 캐넌볼 애덜리 밴드에서 활약하며 〈Moanin'〉, 〈This Here〉〈Dat Dere〉 같은 명곡을 작곡했다.

아주 어릴 때 일이다. 옆집에 사는 아이가 피아노를 배운다는 사실에 고무된 엄마가 내게 피아노를 배우지 않겠냐는 제안을 건넸다. 나는 완강히 거절했다. 지금 피아노를 배우는 아이들은 모두 여자가 아니냐는 근거를 댔다. 주변에 피아노를 배우는 아이가 고작 두 명임에도 그것을 표본으로 '피아노는 여성의 전유물'이라고 성급하게 일반화해 버릴 만큼 당시 내 판단 능력은 보잘것없었다.

이후 피아노를 배우고 싶다는 생각을 해본 적이 없진 않았지만, 그렇다고 제 발로 피아노 학원을 찾아갈 만큼 배움이 절실하지도 않았기에 피아노는 버킷리스트에 형식적으로만 존재하는 항목 정도였다. 그러다 심각한 도전에 직면했으니, 바로 재즈를 듣기 시작한 것. 피아노라는 악기가 모던 재즈에서 워낙 독보적인 존재감을 발휘하다 보니 현란한 피아노 연주를 듣노라면 '이런 연주를 하면 대체 어떤 기분이 들까?' 하는 호기심이 돋기 마련이다.

차분하고 서정적인 음악을 연주하는 빌 에반스나 브래드 멜다우를 들을 때는 이런 생각이 덜 드는 편이다. 감탄하기만도 충분히 바쁜 데다가 이런 연주를 하는 내 모습을 상상하는 것 자체가 두 뮤지션뿐 아니라 세상에 존재하는 모든 재즈 팬에게까지 민폐라는 죄책감이 일기 때문이다. 하지만 바비 티몬스*Bobby Timmons*의 〈Dat Dere 댓 데어〉 같은, 신나는 곡은 어깨를 흔들며 피아노를 연주하는 내 모습을 상상하는 건 조금은 즐겁다(이 상상도 폐를 끼치는 일이겠지만. 아무튼 죄송합니다).

베이스와 함께 한 마디씩 위아래를 오가는 감각적인 스윙이 끝나면 인상적인 멜로디의 피아노 솔로가 시작된다. 건반 사이를 오가는 경쾌한 타건이 흥겨운 분위기를 이끈다. 이때부터 상상력을 발휘한다. 피아노 앞에 앉아 있는 건 바비 티몬스가 아닌 나다. 얼굴에 한껏 웃음을 머금은 채 몸을 흔들거리며 자신감 있게 건반을 누른다. 고개를 까닥여가며 리듬을 타면서 내가 펼쳐낼 음을 입으로 뱉어내는 동시에 손가락으로 구현하는 능숙한 뮤지션의 모습이다. 내 솔로가 끝나면 흐뭇한 표정으로 베이스 현을 튕기고 있던 샘 존스*Sam Jones*의 즉흥연주가 시작되고 드러머 지미 콥*Jimmy Cobb*과 나는 그의 연주에 생기를 불어넣는다. 그리고 다시 리드미컬한 헤드로 돌아와 연주를 마무리한다. 잠시 정적이 흐르고, 두 연주자와 눈인사를 마친 나는 자리에서 일어서 인사를 건넨다. 관객들은 참았던 박수를 아낌없이 보내준다. '브라보'가 여기저기서 터져 나온다.

그때 엄마의 제안을 받아들였다면 어땠을까? 체르니가 든 가방을 메고 쫄래쫄래 피아노 학원으로 향하던 옆집 아이를 놀리지 않을 만큼 조금만 더 성숙했더라면, 아니면 엄마의 말이라면 철석같이 들을 만큼 어렸더라면. 제아무리 어릴 때 피아노를 배웠다손 치더라도 지금 타이핑을 하는 데도 수도 없이 오타를 내고 있는 내가 감히 건반을 쳐낼 수 있을지는 의문이 들지만. 그래도 만약 그때 피아노를 시작했다면 길거리에 놓인 피아노에서 흥겨운 스윙으로 지나다니는 사람들을 모으고, 그들의 박수를 끌어내고, 그 리듬에 맞춰 재즈를 연주하는 괴짜 아저씨가 될 수도 있지 않았을까?

Track 3.
산길을 걸으며

<Sunrise>, 에밀 브란키스트 트리오

스웨덴 출신 드러머 에밀 브란키스트가 이끄는 피아노 트리오. 서정적 멜로디와 북유럽 특유의 맑은 사운드가 특징이다. 클래식적 감성과 재즈적 즉흥을 결합해 따뜻하고 영화적인 분위기를 자아낸다.

아내를 따라 가끔 절에 가는 일이 있다. 불교 신자는 아니지만 절에 들어서면 느껴지는 말로 설명하긴 어려운 평온한 기운과 잔잔한 목탁 소리가 좋아서 곧잘 따라간다. 그렇다 하더라도 거리가 멀거나 너무 높은 곳에 있는 암자에 오르자고 할 때는 망설여지는데, 안타깝게도 목적지는 늘 거리가 멀거나 너무 높은 곳에 암자가 있다. 영험한 암자는 왜 다들 산꼭대기에 있는 건지. 나는 암자에 오르는 대신 주차장 주변에 난 산책로를 걷기로 한다.

산책로는 대체로 한산하다. 길 왼편에 흐르는 계곡이 눈부신 봄볕을 온몸으로 받아내고 있다. 마치 신음처럼 뱉어내는 빛 때문에 감히 쳐다볼 수 없을 정도로 눈이 부시다. 빛을 받은 나뭇잎들이 바람에 날려 반짝이는 풍경에 자꾸 눈이 간다. 산책로를 둘러 쭉 늘어선 키 큰 나무들이 선선한 그늘을 만들어준 덕분에 웬만큼 걸어선 땀이 나지 않을 정도로 쾌적하다. 간간이 들려오는 이름 모를 새소리도 제법 운치 있다.

바닥에 놓인 야자 매트 위엔 빛 덩어리들이 불규칙하게 뿌려져 있다. 나뭇잎 사이의 공간으로 들어온 빛이 만들어낸 흔적이다. 스테인드글라스에 투사하는 것과 닮았지만 분위기는 사뭇 다르다. 종교적이고 엄숙한 스테인드글라스와 달리 숲에 들어선 빛은 온순하고 그래서 안온하다.

이어폰을 꺼내 귀에 꽂고 이 산책로에 어울릴만한 노래를 고른다. 이런 곳에서는 미국보다는 유럽 재즈가 좋다. 에밀 브란키스트 트리오가 좋겠다. 이 트리오는 잔잔한 가운데서도 드라마틱한 구성이 돋보이는 연주를 들려준다. 북유럽 예술 특유의 묵직한 느낌이 곡에 그대로 스며 있어 밝은 곡도 가볍다는 느낌이 들지 않는다. 이 고요한 풍경에는 〈Sunrise 선라이즈〉가 꼭 맞겠다.

투오마스 투루넨*Tuomas Turunen*의 피아노 음색이 부서지는 빛처럼 내린다. 곧 규칙적으로 둥둥하고 울리는 막스 토른베르크*Max Thornberg*의 베이스가 기분 좋게 귀를 감싼다. 들려오는 음악의 박자에 맞춰 다시 산책길을 걷기 시작한다. 서정적인 테마가 끝나고 피아노 솔로가 시작된다. 바람을 타는 듯, 물이 흐르는 계곡의 소리를 듣는 듯 느긋하다. 그의 연주에 속도를 맞춰 걷는다. 곡이 전개됨에 따라 박자가 빨라지면 내 걸음도 빨라진다. 산들바람에 빠른 걸음도 상쾌하다. 한창 속도를 높이던 피아노가 돌연 박자를 늦춘다. 잠시 뒤 느리지만 착실하게 피아노를 좇고 있던 베이스가 도착한다.

베이스의 섬세한 즉흥연주는 고요하고 몽환적인 자연을 그린다. 지금 내가 보고 있는 풍경과 매우 닮아서, 혹시 그들과 함께 있는 건 아닌가 하는 착각이 든다. 베이스의 즉흥연주를 들으며 숨을 고르고 나면 비로소 뒤편에서 묵묵히 뒤를 받치던 드럼 연주가 들린다. 삭삭 긁는 드럼 브러시는 때론 흐르는 물소리처럼, 혹은 바람에 날리는 낙엽 소리처럼 들리기도 한다. 에밀 브란키스트*Emil Brandqvist*의 드럼 덕분에 산책로는 실감을 얻고 구체화 된다.

그늘 사이에 내려앉은 빛과 빛을 받아 반짝이는 나뭇잎, 상쾌한 바람에 몸을 맡기는 나뭇가지, 숲을 가득 채운 푸른 색채. 투명한 자연을 온전히 담아낸 이 곡 덕분에 숲속에서나 느낄 법한 황홀경을 절 앞에 조성된 산책로에서도 느낄 수 있게 된다. 저 오솔길 끝엔 봄의 기운이 만개하고 있을 것만 같은 기분에 사로잡혀 긴 산책로를 계속 걸어갈 수 있도록 이끈다.

아내에게서 곧 도착한다는 전화를 받고서야 현실로 돌아

온다. 저기 보이는 암자 출구에 아내와 딸이 다정히 손을 잡고 내려오는 모습이 보인다. 손을 흔들고 있는 나를 보고 딸이 달려와 안긴다. 다리 아프지 않았냐고 물어보니 괜찮단다. 아내가 절을 하는 꼬맹이를 찍은 영상을 보여준다. 절을 어찌나 차지게 하던지 이 정도면 없는 소원도 다 들어줄 것만 같다. 어떤 소원을 빌었냐고 물었더니 아빠 책 잘 팔리게 해달라고 빌었단다. 책이 많이 팔리면 아빠가 아이스크림을 많이 사줄 수 있을 테니까. 기특한 것. 공사다망하실 부처님을 대신해 내가 더블 비안코를 사 왔다. 딴에는 힘들었는지 달게도 먹는다.

열어 놓은 창문 안으로 바람이 들어온다. 딸과 아내를 보고 있으니 마음이 달뜬다. 왠지 다음에는 셋이서 함께 암자를 오를 수 있겠다는 생각이 든다.

가을 전어가 당길 때

 **〈Autumn Leaves〉, 캐논볼 애덜리 퀸텟** 

캐논볼 애덜리는 힘 있고 풍부한 알토 색소폰 연주로 사랑받은 뮤지션이다. 블루스와 소울의 감성을 잘 담아내면서도 경쾌하고 활기찬 연주 스타일이 특징이며 마일스 데이비스 밴드에서 활동하며 큰 주목을 받았다.

비를 사랑한 화가 차일드 하삼. 그가 〈비 오는 날의 5번가〉에서 그려낸 가을비는 우리가 가을비 하면 떠올리는 풍경과는 사뭇 다르다. 트렌치코트의 깃을 채운 채 비에 젖은 낙엽 위를 거니는 쓸쓸한 남자의 뒷모습, 그것에 더해 읊조리는 듯 우울한 노랫말이 얹어진 고독한 멜로디의 배경 음악이 흐르는 그런 가을 풍경 말이다.

그림에서 우산을 오른쪽으로 살짝 기울인 채 걸어가는 여

〈비 오는 날의 5번가〉, 차일드 하삼

인에 눈이 간다.'순간을 포착하기 위한 거친 붓 터치 때문인지 주머니에 찔러 넣은 손 때문인지 그녀의 발걸음은 당당하고 거침없어 보인다. 때문에 홀로 걷고 있음에도 외로움이나 고독의 정서는 느껴지질 않는다. 그녀의 어깨 너머로 얼핏 보이는 두 사람이 있다. 함께 우산을 쓰고 있는 걸 보니 연인인 듯하다. 서로를 바라보면서, 서로의 말에 귀를 기울이면서 다정하게 걷는 것처럼 보인다. 여유 있게 걷고 있는 백마와 마차가 운치를 더한다. 타닥타닥 경쾌한 말발굽 소리가 들리는 듯하다. 작품 전체를 감도는 색감이 안정감을 준다. 그래서인지 하삼의 가을비는 어둡지 않다. 비에 젖은 길에 비친 빛에서는 생동감마저 느껴진다.

프랑스를 대표하는 프랑스 배우이자 가수, 이브 몽땅*Yves Montand*이 불러 명성을 얻은 〈Autumn Leaves〉은 여러 재즈 뮤지션에 의해 연주되었는데 가장 유명한 버전은 아무래도 마일스 데이비스가 세션으로 참여한 캐넌볼 애덜리 퀸텟의 버전이다.

발걸음을 연상케 하는 피아노와 베이스의 뱀프*Vamp*•를 시작으로 마일스의 감각적인 연주가 시작된다. 아트 블레이키의 부드러운 드럼 브러시 연주와 날카로운 음색에서 묘하게 묻어나는 서정적 멜로디가 마음을 차분하게 가라앉힌다. 안정적인 베이스 위로 연주되는 캐넌볼의 색소폰과 뒤에 다시 이어지는 마일스의 트럼펫 연주를 들으며 리듬에 맞춰 가볍게 고개를 끄덕인다. 그림 속 연인들처럼 여유롭게 빗길을 거니는 듯한 행크 존스*Henry Jones*의 피아노의 솔로 연주는 손가락을 까닥이며 리듬을 타게 만드는 매력이 있다. 이 위대한 퀸텟은 가을이라는 계절의 색감을 살리되 통속적인 이미지에서는 살짝 벗어난, 그들만의 가을을 그린다. 좀 더 생기 있고 발랄한 느낌이랄까? 〈비 오는 날의 5번가〉를 보면서 캐넌볼의 〈Autumn Leaves〉을 떠올린 것은 단순히 이 곡이 가을을 대표하는 재즈 스탠더드 넘버여서만은 아닐 것이다.

●　솔로의 즉흥연주가 시작되기 전에 분위기를 조성하거나 솔로의 끝이나 중간에 색다른 분위기 전환하기 위해 2~4마디 정도의 코드 패턴을 반복해 연주하는 것.

오늘도 어김없이 비가 내린다. 긴 가을장마에 햇빛을 본 게 언제였는지 기억도 안 난다. 이젠 영영 햇빛을 보지 못하는 건 아닌가 하는 세기말적 상상이 현실화할 조짐이다. 여기까지 와서 이런 말을 하면 좀 민망하지만 이런 가을이라면 〈Autumn Leaves〉 할아버지가 와도 생기를 불어넣기는 무리지 싶다.

주변의 공기만큼이나 무거운 몸으로 꾸역꾸역 퇴근하는 길, 집 앞 횟집 앞에 '가을 전어'라고 적힌 현수막이 마치 나를 기다리기라도 했다는 듯이 펄럭인다. 갑자기 눈이 번뜩 뜨인다. 그냥 지나칠 수 없다. "그래, 가을은 전어지." 전어 한 점을 입에 넣는다. 비릿하고 꼬들꼬들한 맛에 정신이 번쩍 든다. 〈Autumn Leaves〉를 튼다. 이 곡은 비 내리는 가을날 전어를 먹으면서 들어야 한다는 새로운 깨달음을 얻는다. 가을 전어 그리고 소주와 함께 할 때 비로소 이 곡은 완벽해진다. 전어를 오물거리고 있는 이 순간이 완벽한 것처럼.

노을이 지는 퇴근길에

 〈Lawns〉, 칼라 블레이 

1960년대 프리 재즈 운동의 중심인물로 활동한 피아니스트 겸 오르가니스트이자 작곡가. 클래식과 록, 오페라를 결합한 독창적 작품으로 현대 재즈의 지평을 넓혔다.

힘겹게 차 문을 열고 운전석에 주저앉는다. 하루를 마쳤다는 안도감에 일단 한숨 한 번, 집을 향한 먼 여정을 생각하며 또 한숨 한 번. 시동을 켠다. 아침에 듣던 라디오가 켜진다.

불현듯 강렬한 붉은 빛이 차 안으로 쏟아져 들어온다. 강 아래로 사라지기 직전 태양이 마지막 남은 힘을 짜내어 단말마처럼 내뿜는 빛이다. 파랑과 주황, 노랑이 뒤섞이고 강과 하늘 사이 경계는 모호해진다. 그 장면을 가만히 지켜보고 있으니 문득 〈Lawns 론즈〉를 들어야겠다는 생각이 든다. 라디오를 끄고 음악을 켠다.

피아노가 조심스럽게 문을 연다. 음과 음 사이 공백이 많은 피아노, 거대한 울림으로 공간을 메우는 베이스가 차 안을 가득 채운다. 밴드의 리더 칼라 블레이가 연주하는 오르간의 미세한 떨림이 들린다. 깊은 울림을 지닌 드럼도 듣기 편하고 적절하게 정제된 기타 솔로도 곡과 잘 어우러진다. 단순하지만 단조롭지 않은 멜로디, 곳곳에 남겨진 여백 덕분에 곡이 끝나고 나서도 여운이 길게 남는다. '잔디밭'이라는 곡명과 달리 〈Lawns〉의 색감은 전반적으로 따스한 느낌을 주는 불그름한 빛에 가깝다. 어디선가 이 곡이랑 비슷한 색감의 그림을 본 적이 있는데, 하고 기억을 되짚는다. 그리고 곧바로 〈Orange and Yellow 오렌지 앤드 옐로〉를 떠올린다.

색채로 인간 본연의 감정을 그려낸 마크 로스코. 뚜렷한 형태 없이 오로지 색으로만 이루어졌기에 무엇을 그린 것인지 명확히 파악되지 않는다. 그러니 그의 작품을 논리적으로 해석하는 것은 불가능하다. 보이는 대로 보고 느껴지는 대로 느낄 수밖에 없다.

미국 내셔널 갤러리에서 관람객들에게 질문했다. "미술 작품을 보고 눈물을 흘린 적이 있는가?" 그중 그렇다고 대답한 사람의 70%가 마크 로스코 작품을 보고 눈물을 흘렸다고 했단다. 많은 이들이 그의 그림을 보고선 눈물을 흘릴만한 그 무엇을 떠올린다는 것이다.

마크 로스코의 그림에서 나는 인간 본연의 고독을 본다. 과
감하게 형태를 없애버리고 오직 색채로 채워진 캠퍼스를 대
면할 때, 우리는 항시 곁을 맴돌고 있는 고독과 무력감을 체
감한다. 이 정도라면 꽤 불편한 작품이라고 생각하고 말았을
텐데 거기에서 그치지 않는다. 〈Orange and Yellow〉에서
보이는 주황과 노랑의 만남은 한 고독과 또 다른 고독이 손을
잡는 순간과 닮았다. 여기서 발견되는 고독끼리의 끈끈한 연
대감이 외로움에 잠재된 고통과 우울을 무력화시킨다. 오직
색채만으로 채워진, 어쩌면 지극히 단순해 보이는 그의 그림
을 통해 내면의 어두운 곳을 직면하여 위로와 위안을 얻는 것
은 이런 이유 때문이다.

〈Lawns〉의 연주도 이와 다르지 않다. 단순한 멜로디로 이
루어진 즉흥연주를 듣고서 그 황홀감에 홀려 칼라 블레이를
궁금해한다면 모를까, 단순하다며 실력을 비하하는 사람은
본 적이 없다. 이 곡에 인간의 감정을 자극하는 무언가가 있
기 때문이다. 〈Lawns〉는 섣불리 위로하지 않는다. 묘한 위안
과 안도감을 느끼게 된다. 마크 로스코의 그림도 그렇다. 두
작품은 감상자가 직접 자기 삶을 채워 넣을 수 있도록 공간
을 만들어주고 스스로 위로를 찾아가도록 안내한다. 그 길을
따라가면서 우리는 능동적으로 위안을 찾고 자신을 어루만
지게 된다.

오늘도, 내일도 틀림없이 나는 차 안에서 꼼짝없이 한 시

간을 보낼 것이고 내 앞을 끼어드는 차를 보며 도로교통법의 비현실성과 인간 이성의 한계에 대해 토로할 것이다. 오렌지처럼 붉고 노란 노을이 가득 찬 퇴근길에 듣는 〈Lawns〉는 이런 뻔한 일상을 살아가고 있는 내 어깨를 토닥토닥 해주는 고마운 음악이다.

듬성듬성 비어 있는 지하철에서

 〈Strasbourg / St. Denis〉, 로이 하그로브 

풍부한 멜로디와 경쾌한 리듬감으로 친근한 음악을 선사한 재즈 트럼펫 뮤지션. 전통 재즈에서 펑크, 소울, 힙합까지 다양한 음악을 자유롭게 넘나들며 현대 재즈의 폭넓은 스펙트럼을 보여주었다.

인상주의 대표 화가 클로드 모네의 〈생 라자르 역〉은 증기기관으로 대표되는 근대를 시각화한 작품이다. 이 작품으로 우리는 19세기 파리의 풍경을 엿볼 수 있다. 멀쑥하게 차려입은 신사가 회중시계를 열고 양산을 든 숙녀가 고개를 내민다. 멀리서 증기기관차가 뿜어내는 거대한 연기가 보이기 시작한다. 이내 기차는 소란스럽게, 하지만 천천히 역 안으로 들어온다. 인류가 새로운 전환기를 맞던 시점, 하늘을 울리던 기차 경적은 새 시대로 진입한다는 걸 알리는 일종의 신호였을까?

〈생 라자르 역〉, 클로드 모네

　근대가 열리자 거의 모든 예술 분야에서 고전과 작별하려
는 시도가 시작된다. 정확한 도식과 표현법으로 역사화와 종
교화를 그리던 프랑스 아카데미 학파에 염증을 느긴 에두아
르 마네가 〈풀밭 위의 점심 식사〉로 모더니즘의 시작을 알렸
고 첫 번째 아해부터 열세 번째 아해까지 줄기차게 도로를 질
주하는 걸 활자로 옮겨 써 당시엔 수많은 문인의 머리를, 지
금은 더 많은 수험생의 뇌를 쥐어짜게 만든 이상의 〈오감도〉
도 전통 시와의 차별을 꾀했던 모더니즘 문학으로 분류된다.
　다른 예술에 비해 다소 시기가 늦었지만 재즈 역시도 모던
의 굴곡을 겪는다. 재즈의 모더니스트들이 극복해야 할 대상

은 재즈를 춤을 위한 배경음악 정도로 여겼던 당시 인식이었다. 그들의 무기는 즉흥연주. 실력을 마음껏 발휘할 수 있는 길고 복잡한 연주를 통해 대중에게 재즈에 대한 새로운 인식을 심어주기 시작했다. 그 결과 우리가 '재즈'하면 떠올리는 이미지가 이때부터 만들어지기 시작한다.

그런 의미에서 로이 하그로브*Roy Hargrove*의 〈Strasbourg St. Denis〉는 현대 재즈의 전형이다. 재즈를 잘 모르더라도 듣자마자 '재즈'라고 생각하게 되는 악기의 구성과 진행, 담백한즉흥연주. 곡 전반에서 차분하지만 유머를 잃지 않는 품격이 배어 있다.

곡을 시작되면 먼저 묵직한 베이스가 우리를 맞는다. 뒤이어 살짝 얼굴을 내미는 피아노와 드럼 스틱이 브라스를 불러낸다. 함께 발걸음을 맞춰가는 트럼펫과 색소폰. 사이좋은 두 악기가 쌓아 올린 하모니를 피아노가 경쾌하게 받아내 분위기를 끌어올린다. 앙증맞은 피아노 솔로가 끝나면 로이 하그로브 특유의 부드러운 트럼펫 음색으로 곡을 절정으로 이끈다. 이어 곡을 끌어안은 저스틴 로빈슨*Justin Robinson*의 알토 색소폰이 잘 정돈해 고스란히 퀸텟에 넘겨준다. 이후 처음 들었던 멋들어진 테마가 반복되며 곡은 마무리된다.

테마에서 시작해 차례대로 악기의 솔로가 이어진 후 테마로 돌아오는, 모던 재즈의 전형적 구성이다. 전형이라 하면 진부하다는 인상을 주기 섭상이지만 이 곡에 해당하는 얘기는 아니다. 이 곡을 듣고 있노라면 스페셜티 커피를 마신 것 같은 황홀감에 사로잡힌다. 잘 정제된 즉흥연주와 그루브 덕분에 곡을 듣고 나서도 입안에 은은하게 맴도는 커피 향의 진한 여운이 느껴진다. 그래서 곡이 끝나면 다시 플레이 버튼 쪽으로 자연스럽게 손이 가게 되는 것이다.

기차가 더 이상 신문명이 아니듯 '모던'도 새로운 가치가 아니다. 전자음만으로 한 곡을 가득 채워 만들 수 있는 시대에서 모던 재즈 역시 그 신선함을 잃은 지 오래다. 오히려 어쿠스틱한 사운드로만 채워진 모던 재즈를 '정통 재즈'라 부르는 시대에 우리는 산다. 이런 시대에서 하그로브는 증기기관차가 진입하는 생 라자르 역을 그려냈던 19세기 말 모던 시대의 모네를 흉내라도 내듯이 스트라스부르 생 드니 역의 모습을 재즈로 그려낸다. 굳이 파리의 지하철역을 곡명으로 정한 건 '기차'라는 상징을 통해 모던 재즈를 향한 향수를 풀어내는 로이 하그로브의 의도가 아니었을까?

어디에서 듣든 분위기에 잘 어울리는 곡임은 분명하지만 기왕이면 자리가 듬성듬성 비어 있는 한적한 지하철 안에서 들어보는 게 좋겠다. 귀에 꽂은 이어폰을 타고 들려오는 〈Strasbourg/St. Denis〉의 그루브가 개성 넘치고 열정이 가득한 사람들을 실어 나르는 지하철역의 분주함, 그러면서도 여유를 잃지 않는 파리에 다다르게 해줄 테니까.

눈 내리는 겨울을 기다리며

 **〈Glad I Met Pat, Take 3〉, 듀크 조던** 

비밥 시대에 찰리 파커의 퀸텟 멤버로 활약하며 이름을 알린 피아니스트. 경쾌하면서도 서정적인 연주 스타일, 섬세한 터치와 맑은 선율이 특징이다. 경제적 어려움으로 한때 택시 운전사로 일하다가 덴마크로 건너가 재즈 연주자로의 재기에 성공했다.

두터운 외투를 입고 다녀야 하는 게 번거롭긴 하지만 겨울이라는 계절 특유의 분위기를 좋아한다. 보일러를 빵빵하게 때워 놓은 방에서 몸을 감싸고 있는 이불의 촉감이라든가 발이 따뜻해지면 찾아오는 나른한 낮잠의 유혹도, 창문을 열면 쑥 들어와 상쾌하게 뺨을 스치는 찬 바람도 좋다. 추위 때문에 사람끼리 거리가 좁혀지면서 만들어지는 묘한 기대감도 겨울이 주는 선물이다. 다만 한 가지 아쉬운 건, 겨울의 꽃이라는

〈루브시엔의 설경〉, 알프레드 시슬레

눈을 구경하기 힘든 지역에 산다는 그것뿐.

그러니 알프레드 시슬레의 〈루브시엔의 설경〉에 자꾸만 눈이 가는 것은 어쩌면 당연한 일이다. 일종의 부러움 때문일지도. 내린 눈의 무게를 힘겹게 버티고 있는 나뭇가지나 담장 위를 흘러내릴 듯이 눈이 쌓여있는 장면은 내게는 판타지 같은 풍경이다. 하얀 눈길을 따라가다 보면 필연적으로 만나게 되는 여인도 시선을 끈다. 아직도 눈의 기운이 채 가시지 않은 회색빛 하늘에 가려진 먼 산을 가만히 바라보고 있는 한 여인. 그녀는 어떤 생각을 하고 있을까? 그녀도 나처럼 오랜만에 보는 눈에 들떴을까, 아니면 자비 없는 겨울 추위에 오슬오슬 떨고 있을까?

이 질문에 답하는 재즈가 있다. 하얀 설원에 멀뚱히 서 있는 앨범 재킷처럼 온통 하얀 빛으로 물들인 피아노 선율로 가득 채운 곡, 듀크 조던*Duke Jordan*의 〈Glad I Met Pat, Take3 글래드 아이 멧 팻, 테이크3〉. 마치 얼음 위를 걸어가듯 조심스럽게 거니는 피아노로 곡이 시작된다. 베이스가 든든하게 곁을 지키고 있다는 걸 알기 때문일까, 미끄러질 듯 위태롭게 내딛던 발걸음이 이내 경쾌해진다. 이 곡을 들으면 〈루브시엔의 설경〉 그림 속 여인은 패트릭(Pat)을 만나고 집으로 돌아오는 길에 아무도 밟지 않는 눈밭 위에서 들뜬 마음을 온몸으로 표현할 줄 아는 앳된 소녀가 아닐까 싶다.

그림에서 보이는 정적인 풍경에 생명력을 불어넣은 속도감 있는 붓질은 즉흥연주라 믿기 어려울 만큼 서정적인 듀크 조던의 생동감 넘치는 피아노 연주와 닮았다. 눈을 한껏 머금고 있는 회색빛 하늘, 바닥을 덮은 하얀 눈을 자세히 들여다보자. 흰색 외에도 파랑, 검정, 노랑 등 다양한 색채를 발견할 수 있을 것이다. 이번엔 볼륨을 높여 베이스와 드럼 연주에 귀를 기울여 보시길. 날랜 움직임으로 능숙하게 피아노를 보듬어가는 두 악기의 음색이 그림 속 색채와 닮았다는 걸 알 수 있을 것이다.

세 명의 트리오의 인터플레이로 만들어내는 〈Glad I Met Pat, Take3〉을 들으며 감상하는 〈루브시엔의 설경〉에서 겨울의 애수와 고독을 발견하기는 힘들다. 눈 내리는 풍경과 하나가 된 여인의 모습에서 겨울의 낭만을 떠올린다면 또 몰라도.

지금까지 경험해 온 바, 크리스마스에 부산에 절대 오지 않는 것이 있다. 바로 눈. "올해는 화이트 크리스마스를 기대하셔도 좋습니다."라는 뉴스는 항상 오보로 끝났고, 그 현상은 올해에도 변함없이 일어날 일이라는 건 귀납적으로(!) 증명

되었다. 그렇지만 뭐 어떠랴. 〈Glad I Met Pat, Take3〉이 들린다면 햇살 비치는 크리스마스 아침이라고 해도 그리 서운할 것 같지는 않다.

슬로우 러닝을 즐길 때

 〈Got Me Wrong〉, 브래드 멜다우 트리오 

현대 재즈 피아노의 대표 주자. 클래식적 구조와 즉흥성을 정교하게 엮어내는 연주로 주목받아 왔다. 1990년대 말부터 자신의 트리오를 이끌며 섬세하면서도 서정적인 사운드를 구축했다. 지적인 구성과 따뜻한 감성을 결합한 연주가 특징이다.

급격한 육체의 노쇠화(?)로 여기저기 아프기 시작한 이래, 거의 매일 달린다. 운동이라기보다는 살기 위한 몸부림으로 시작했지만 지속하다 보니 요령이 늘어 달릴 수 있는 거리가 점점 늘고 있다. 그러니 음악을 듣지 않을 도리가 없다. 무릇 재즈 좀 듣는다는 사람의 플레이리스트에 재즈가 빠질 수 없는 법. 그러나 즉흥적인 재즈와 일정한 박자로 발을 디뎌야 하는 달리기는 그다지 어울리는 것 같지 않으니 곡 선정에 심혈을 기울일 필요가 있다.

아무리 천천히 뛴다 하더라도 비트가 없이는 달리는 데 크게 도움이 되질 않으니 피아노 솔로는 난감하고 어디로 튈지 모르는 관악기는 달리는 리듬을 흐트러뜨릴 수 있으므로 색소폰이나 트럼펫 역시 곤란하다. 핸드폰을 만지작거리며 피아노 트리오를 탐색한다. 적당한 비트에 과하지 않은 스윙. 브래드 멜다우 트리오의 앨범《Where Do You Start 웨어 두 유 스타트》을 연다. 그리고 첫 곡 〈Got Me Wrong 갓 미 롱〉과 달리기와의 궁합에 대해 생각했다.

너무 빠르지도, 그렇다고 뛰지 못할 만큼 느리지도 않은, 이 리드미컬한 박자가 내 무거운 러닝을 가볍게 이끌어 줄 테지. 원곡이 얼터너티브 록 밴드 앨리스 인 체인스*Alice in Chains*의 곡이니까 비트도 적당하고. 오호, 공간을 꽉 채우는 래리 그레다니어*Larry Grenadier*의 저 베이스 좀 보라지. 멜다우의 저 감성적인 즉흥연주는 또 어떻고. 이 가을날의 러닝과 더없이 잘 어울리지 않느냔 말이다.

멜다우의 리드미컬한 피아노 연주를 들으며 발걸음을 떼고, 드럼의 비트에 맞춰 한 발 한 발 가볍게 뛰어본다. 베이스의 울림에 맞춰 발바닥으로 땅에 디딘다. 지면에 발바닥 전체를 놓으려 노력한다. 그래야 무릎이 덜 상한다고 배웠다. 보폭을 너무 넓게 잡으면 그만큼 충격이 커질 테니 적당한 보폭으로 땅을 밀어낸다. 무거웠던 몸이 조금씩 살아난다. 아까보다 바람이 한층 시원하다. 살짝 기분이 들뜬다. 들려오는 피아노 반주에 페이스를 맞춘다. '무리하지 않고 천천히'를 되뇌며 호흡을 끝까지 유지한다. 이런 상태라면 목표치까지 완주하고도 가벼운 기분을 유지할 수 있을 것이다.

이어폰을 꽂은 채 달리며 주변을 둘러본다. 걷는 것보다 약간 빠른 속도로 자전거를 굴리는 어르신과 등산복을 잘 맞춰 입고 대화를 나누며 걷는 아주머니들이 보인다. 산책로 사이에 설치된 운동 기구에 매달려 그 기구를 설계한 사람은 생각조차 해보지 못했을 기묘한 자세로 몸을 푸는 아저씨도 보인다.

러너라면 누구나 기록 단축의 욕망이 있다. 어제보다 빨라진 기록을 볼 때의 성취감은 다음 날 밀려오는 피곤에도 기꺼이 신발 끈을 묶는 힘이 된다. 하지만 인간은 계속 성장만 할 수는 없는 법. 한동안 정체된 기록을 볼 때의 암담함이란!

달리기가 마음처럼 되지 않을 때 브래드 멜다우의 음악이 흐르는 이어폰을 꽂고 달려보자. 눈에 다가오는 풍경도, 귀에 들리는 음악도 흐르는 대로 흘려보내자. 그렇게 흐르듯 천천히 한 발 한 발 내디딜 때 상쾌함을 맛본다면 다시 달리고 싶은 마음이 생길지도 모른다.

늦은 밤 혼자 맥주를 따르며

 ⟨Ceora⟩, 리 모건 

하드밥 시대를 대표하는 트럼펫 연주자. 18세에 디지 길레스피 오케스트라에 합류해 천재로 주목받았고 아트 블래키의 재즈 메신저스를 거치며 재즈 신의 핵심 인물이 되었다. 안타깝게도 33세에 비극적으로 생을 마감했다

하루를 마무리하는 맥주는 늘 구실이 필요하다. '오늘 좀 힘들지 않았나?', '내일은 주말이잖아', '갑자기 목이 마르네' 이런 말들은 그럴듯한 핑계가 되어준다. 따지고 보면 별 이유도 없이 당기는 거지만.

조용한 집안, 불 꺼진 주방 한구석에서 냉장고만이 희미하게 빛나고 있을 때, 습관처럼 냉장고 쪽으로 발걸음을 옮겨 문을 연다. 정갈하게 줄 세워진 캔맥주가 땀을 흘리고 있다. 나

는 그중 가장 앞에 서 있는 놈을 고른다. '치익' 소리와 함께 터져 나오는 탄산! 이건 단순한 소리가 아니다. 나의 하루가 끝났다는 알림음, 혹은 이제 긴장을 풀어도 좋다는 신호이다.

이 순간에 잘 어울리는 곡이 리 모건의 〈Ceora 시오라〉다. 보사노바 리듬 위로 모건의 트럼펫이 천천히 흐른다. 과장된 비브라토도, 폭발적인 고음도 없다. 힘을 빼고 자연스럽게 뿜어나오는 소리. 그래서 오히려 더 따뜻하다. 단순한 멜로디가 마음속에 은근한 잔향을 남긴다. 마치 맥주 거품이 잔 위로 살짝 부풀었다가 이내 가라앉는 것처럼 잔잔히 마음을 울린다.

허비 행콕의 피아노가 트럼펫 뒤에서 그림자를 드리우듯 조심스럽게 반주를 놓는다. 빌리 히긴스*Billy Higgins*의 드럼은 더 절제되어 있다. 드럼 브러시로 가볍게 긁는 소리가 마치 잔 위로 부딪히는 거품 소리 같다. 캬! 맥주 한 모금 안 마실 수 있나! 이 든든한 리듬 세션 덕분에 모건의 트럼펫은 오히려 더 빛난다.

처음 들을 때부터 사랑에 빠진 곡이지만 들어도 들어도 질리지 않는다. 화려한 솔로나 극적인 전개가 없는데도 귀에 오래 남는다. 하루 끝의 맥주가 처음엔 그저 갈증을 달래는 음료였을 뿐이건만 어느 순간 하루를 정리하는 의식이 되어버린 것처럼, 없으면 아쉬운 일상에 자리 잡는 음악이다.

늦은 밤 혼자 맥주가 생각난다면 〈Ceora〉와 함께 하시길. 하루의 피로에 무거운 몸과 마음이 한결 가벼워질 것이다. 트럼펫의 첫 소절이 흐르는 순간, 술자리를 함께할 친구 대신 음악이 내 곁에 있다는 게 오히려 더 든든하게 느껴질지도.

캔을 비우고 잔을 내려놓을 즈음 목에서는 맥주의 잔향이, 귀에는 여전히 모건의 트럼펫이 맴돈다. 그리고 이런 생각이 든다. 내일도 길고 버거운 하루가 기다리겠지만 이런 소소한 호사를 누리며 하루를 마무리할 수 있다면 꽤 괜찮은 인생일지도 모른다고.

아, 참. 아무리 그래도 지나친 음주는 건강에 좋지 않습니다! (저도 줄여보겠습니다.)

잠 못 이루는 새벽에

〈So Beautiful〉, 로버트 글래스퍼

재즈와 힙합, R&B를 자유롭게 넘나들며 현대 재즈의 새로운 흐름을 주도하고 있는 재즈 피아니스트 겸 프로듀서. 감미로운 멜로디와 섬세한 피아노 연주가 돋보이는 〈So Beautiful〉은 로버트 길래스퍼 특유의 재즈와 소울의 조화를 보여주는 곡으로 꼽힌다.

시계는 새벽 두 시. 잘 시간이 훨씬 지났는데도 눈꺼풀은 가볍다. 침대에 누워 몸을 이리저리 굴려봐도 잠은 오지 않는다. 낮에 마신 커피 탓일까, 늦은 시간에 너무 많은 거리를 달린 것일까? 아니면 미뤄둔 원고 걱정 때문일 수도. 불 꺼진 방 안은 고요하고, 창밖은 어둡다. 이렇게 말라붙은 새벽의 공기 속에서 괜히 뒤척이는 건 더 피곤하다. 결국 자리에서 일어나 창문을 열어본다. 습한 바람이 울컥하고 실내로 들어온다.

핸드폰 불빛에 눈을 찌푸리는 대신 블루투스 스피커를 켠다. 고요한 공기만이 침묵으로 흐르는 시간, 지금 가장 좋은 선택은 음악이다. 나는 로버트 글래스퍼의 〈So Beautiful 소뷰티풀〉을 튼다.

누군가 조심스럽게 몇 개의 건반만 누르는 것처럼 피아노 소리가 아주 조용히 흘러나온다. 긴장했던 호흡이 그 순간 조금 풀린다. 글래스퍼의 연주는 전형적인 재즈 피아노와는 다르다. 그는 건반을 가득 채우는 대신 여백을 남긴다. 그렇지 않아도 고요한 새벽, 지금 이곳은 건반과 건반 사이의 침묵 외에는 아무것도 들리지 않는다. 편안하다. 마음이 놓인다.

베이스와 드럼은 거의 눈에 띄지 않는다. 오히려 뒷자리에서 살짝 몸을 낮추고 있다. 필요 이상으로 나서지 않고, 그저 공기의 흐름을 정리하는 정도다. 덕분에 피아노가 만드는 공간이 더 넓게 느껴진다. 소리의 밀도는 적지만, 그래서 오히려 마음속 복잡한 생각들을 차분히 가라앉히는 힘이 있다. 이 곡은 누군가의 고백처럼 들린다. 목소리가 없는 곡인데도 대화처럼 느껴진다. '이제 잠에 들어도 돼' 하고 다독이는 듯하다. 화려한 기교나 격정적인 전개는 없으니 오히려 더 진심처럼 다가온다.

글래스퍼는 원래 재즈의 전통에만 머물던 피아니스트가 아니다. 〈So Beautiful〉은 재즈의 즉흥성과 소울의 따뜻함, R&B의 부드러운 감각이 하나로 섞여 있다. 이 곡은 재즈 연주곡이라기보다 라디오 심야 방송에서 DJ가 건네는 멘트 같다. 들려오는 순간 마음을 누그러뜨리는 힘이 있는 말 한마디.

새벽의 고요 속에서 음악을 듣는다. 창밖에서는 이따금 자동차 소리가 지나가고, 때로는 개 짖는 소리가 멀리서 들린다. 피아노는 그 소음과 섞여 하나의 풍경을 만든다. 잠이 오지 않아 초조했던 마음이 음악 속에서 조금은 느긋해진다.

곡이 끝날 즈음, 마음이 한결 가벼워진다. 눈꺼풀은 조금 무거워지고, 머릿속은 덜 시끄럽다. 그제야 침대에 다시 눕는다. 어쩌면 곧 잠들지도 모르겠다. 설령 잠에 들지 못하더라도 괜찮다. 〈So Beautiful〉이 귀에 들려오던 그 몇 분만으로도 이 새벽은 충분히 아름다웠으니까.

재즈 활동지

주제	재즈 추천하기	
활동명	나만의 재즈 감상회	
날짜	나의 점수는	★☆☆☆☆

삶이 녹아 있는 재즈 추천 쉽게 하는 법

1. 무심한 듯 다정하게 툭 건네고 싶은 음악을 고릅니다.
   (책에서 소개한 곡도 좋고 알고리즘 덕분에 알게 된 곡도 좋습니다)
2. 선택한 곡에 대한 인상 및 키워드를 몇 가지 적어봅니다.
3. 아래 질문 중 5~6개를 골라 각각 300자 정도 분량으로 씁니다.
4. 글의 전체적 구성을 고려하여 질문을 배열합니다.
5. 흐름을 고려하여 글을 수정 및 첨가, 혹은 삭제하여 글을 완성합니다.

곡 제목	
수록 앨범	
뮤지션	

✎ 이 음악을 듣게 된 계기에 관해 써 보세요.

✎ 이 음악의 첫인상과 생각을 써 보세요.

✎ 연주자(앨범)의 생김새(연주자 사진, 재킷 사진)을 보고 느낀 점을 써 보세요.

✎ 연주자(앨범)에 대한 정보를 발췌하고 정리해 보세요(인터넷 검색이 필요합니다).

✏ 이 음악에서 연주된 악기에 대한 정보를 써 보세요. 검색해도 좋고 직접 들어도 좋습니다. 직접 듣고 난 후 검색해서 맞춰보면 묘한 쾌감이 있습니다.

✏ 악기 소리에 귀 기울여 들어보고 악기에 대한 느낌을 써 보세요.

✏ 인터넷을 검색하여 곡에 대한 정보를 발췌하고 정리해 보세요.

✏ 음악을 반복해서 들으면서 떠오르는 생각이나 느낌을 써 보세요.

✏ 이 음악과 관련해 직접 경험한 내용을 떠올려 써 보세요.

✏ 이 음악과 관련해서 알고 있었던 사실이나 역사, 사회적 현상 등을 떠올려서 써 보세요.

✏ 재즈에 관한 자기 생각이나 느낌을 써 보세요.

✏ 전체 글의 흐름을 반영했을 때 들어가면 좋겠다고 생각하는 그 밖의 것을 자유롭게 써 보세요.

♥수고하셨습니다♥

사진 출처

35쪽 By Yamaha Corporation - JPEG format conversion and re-crop of the freely-licensed Commons TIFF image, File:Yamaha Trumpet YTR-8335LA.tif, CC BY-SA 4.0, https://commons.wikimedia.org/w/index.php?curid=121045951

38쪽 By Yamaha Corporation - File:Yamaha Saxophone YTS-62.tif, CC BY-SA 4.0, https://commons.wikimedia.org/w/index.php?curid=138251545

41쪽 퍼블릭 도메인, https://commons.wikimedia.org/w/index.php?curid=12631490

48쪽 By Bartolomeo Cristofori - This file was donated to Wikimedia Commons as part of a project by the Metropolitan Museum of Art. See the Image and Data Resources Open Access Policy, CC0, https://commons.wikimedia.org/w/index.php?curid=60920502

75쪽 퍼블릭 도메인, https://commons.wikimedia.org/w/index.php?curid=158239269

82쪽 퍼블릭 도메인, https://commons.wikimedia.org/w/index.php?curid=42835548

90쪽 퍼블릭 도메인, https://commons.wikimedia.org/w/index.php?curid=17521786

93쪽 퍼블릭 도메인, https://commons.wikimedia.org/w/index.php?curid=58362785

94쪽 By 윌리엄 P. 고틀립 - This image is available from the United States Library of Congress's Prints and Photographs divisionunder the digital ID gottlieb.04151.This tag does not indicate the copyright status of the attached work. A normal copyright tag is still required. See Commons:Licensing., CC BY-SA 4.0, https://commons.wikimedia.org/w/index.php?curid=157616283

100쪽 퍼블릭 도메인, https://commons.wikimedia.org/w/index.php?curid=42836095

102쪽 퍼블릭 도메인, https://commons.wikimedia.org/w/index.php?curid=49409127

104쪽 퍼블릭 도메인, https://commons.wikimedia.org/w/index.php?curid=43240691

107쪽 퍼블릭 도메인, https://commons.wikimedia.org/w/index.php?curid=11089009

107쪽 퍼블릭 도메인, https://commons.wikimedia.org/w/index.php?curid=44359804

114쪽 퍼블릭 도메인, https://commons.wikimedia.org/w/index.php?curid=140631841

115쪽 퍼블릭 도메인, https://commons.wikimedia.org/w/index.php?curid=20705291

116쪽 퍼블릭 도메인, https://commons.wikimedia.org/w/index.php?curid=1969374

118쪽 퍼블릭 도메인, https://commons.wikimedia.org/w/index.php?curid=11121070

120쪽 By Unknown photographer - File:Hans Rossbach (links) mit Kenny Clark und Bud Powell, circa 1960.jpg, CC BY 4.0, https://commons.wikimedia.org/w/index.php?curid=141042349

127쪽 퍼블릭 도메인, https://commons.wikimedia.org/w/index.php?curid=143436404

128쪽 퍼블릭 도메인, https://commons.wikimedia.org/w/index.php?curid=99555222

129쪽 퍼블릭 도메인, https://commons.wikimedia.org/w/index.php?curid=107223991

137쪽 By Fotopersbureau De Boer - Show jazz Art Blakey A. en B., Noord-Hollands Archief, collectie Fotopersbureau De Boer, NL-HlmNHA_1478_00711K02_10, CC0, https://commons.wikimedia.org/w/index.php?curid=115745205

138쪽 By Brianmcmillen - Own work, CC BY-SA 3.0, https://commons.wikimedia.org/w/index.php?curid=30199370

139쪽 By Bengt Nyman - Flickr: IMG_8259-1, CC BY 2.0, https://commons.wikimedia.org/w/index.php?curid=19465285

141쪽 퍼블릭 도메인, https://commons.wikimedia.org/w/index.php?curid=62011542

151쪽 퍼블릭 도메인, https://commons.wikimedia.org/w/index.php?curid=141990818

152쪽 퍼블릭 도메인, https://commons.wikimedia.org/w/index.php?curid=170613820

160쪽 퍼블릭 도메인, https://commons.wikimedia.org/w/index.php?curid=89035741

161쪽 퍼블릭 도메인, https://commons.wikimedia.org/w/index.php?curid=741270

163쪽 퍼블릭 도메인, https://commons.wikimedia.org/w/index.php?curid=26927668

169쪽 퍼블릭 도메인, https://commons.wikimedia.org/w/index.php?curid=29126940

173쪽 By Tom Marcello Webster, New York, USA - Return to Forever - 1976, CC BY-SA 2.0, https://commons.wikimedia.org/w/index.php?curid=3859369

175쪽 퍼블릭 도메인, https://commons.wikimedia.org/w/index.php?curid=7727775

184쪽 퍼블릭 도메인, https://commons.wikimedia.org/w/index.php?curid=14956281

186쪽 퍼블릭 도메인, https://commons.wikimedia.org/w/index.php?curid=104816538

188쪽 By PaulCHebert - 자작, CC BY-SA 4.0, https://commons.wikimedia.org/w/index.php?curid=35576685

190쪽 By Hreinn Gudlaugsson - 자작, CC BY-SA 4.0, https://commons.wikimedia.org/w/index.
php?curid=65767738

193쪽 퍼블릭 도메인, https://commons.wikimedia.org/w/index.php?curid=99518594

195쪽 By Nomo michael hoefner http://www.zwo5.de - 자작, CC BY-SA 3.0, https://commons.
wikimedia.org/w/index.php?curid=19716881

200쪽 By https://www.flickr.com/photos/msittig/ (Made black and white by Beaumain) - https://
www.flickr.com/photos/msittig/441917092/in/set-72157600040215047/, CC BY 2.0,
https://commons.wikimedia.org/w/index.php?curid=17730637

205쪽 By Andreas Lawen, Fotandi - 자작, CC BY-SA 4.0, https://commons.wikimedia.org/w/index.
php?curid=56803778

210쪽 By svetlinnikolaev from Sofia, Bulgaria - JAMIROQUAI, CC BY 2.0, https://commons.wikimedia.
org/w/index.php?curid=68137997

215쪽 퍼블릭 도메인, https://commons.wikimedia.org/w/index.php?curid=158159885

216쪽 퍼블릭 도메인, https://commons.wikimedia.org/w/index.php?curid=11181478

219쪽 퍼블릭 도메인, https://commons.wikimedia.org/w/index.php?curid=27183308

220쪽 퍼블릭 도메인, https://commons.wikimedia.org/w/index.php?curid=92807232

221쪽 퍼블릭 도메인, https://commons.wikimedia.org/w/index.php?curid=11089358

225쪽 By Yaffa - Norah Jones at Bright Eyes at Town Hall 29-May-2007, CC BY-SA 2.0, https://
commons.wikimedia.org/w/index.php?curid=2243108

226쪽 By Tore Sætre - 자작, CC BY-SA 4.0, https://commons.wikimedia.org/w/index.
php?curid=75336112

227쪽 By Jeanie Mackinder - https://www.flickr.com/photos/jeaneeem/2597033359/, CC BY 2.0,
https://commons.wikimedia.org/w/index.php?curid=5088807

228쪽 퍼블릭 도메인, https://commons.wikimedia.org/w/index.php?curid=85273917

231쪽 퍼블릭 도메인, https://commons.wikimedia.org/w/index.php?curid=33798403

232쪽 By Derived from a digital capture of the album cover (creator of this digital version is irrelevant
as the copyright in all equivalent images is still held by the same party). Copyright held by the
record company or the artist. Claimed as fair use regardless., Fair use, https://en.wikipedia.
org/w/index.php?curid=4354029
By Universal Music Group - Verve Records, Public Domain, https://commons.wikimedia.org/w/
index.php?curid=82493978

233쪽 By 버브 레코드, 공정 이용, https://ko.wikipedia.org/w/index.php?curid=2590786By
퍼블릭 도메인, https://commons.wikimedia.org/w/index.php?curid=132670906
By 프레스티지 레코드, 공정 이용, https://ko.wikipedia.org/w/index.php?curid=3282819

234쪽 퍼블릭 도메인, https://commons.wikimedia.org/w/index.php?curid=34751791
By 임펄스! 레코드, 공정 이용, https://ko.wikipedia.org/w/index.php?curid=3080619

235쪽 퍼블릭 도메인, https://commons.wikimedia.org/w/index.php?curid=93373490
By The cover art can be obtained from Riverside Records., Fair use, https://en.wikipedia.org/w/
index.php?curid=986391

236쪽 퍼블릭 도메인, https://commons.wikimedia.org/w/index.php?curid=71807970
By The cover art can be obtained from the record label., Fair use, https://en.wikipedia.org/w/
index.php?curid=2948389
퍼블릭 도메인, https://commons.wikimedia.org/w/index.php?curid=6847044

237쪽 By May be found at the following website: [1], Fair use, https://en.wikipedia.org/w/index.
php?curid=18004436
By 미상 - Concord Records Website, CC0, https://commons.wikimedia.org/w/index.
php?curid=152558764

238쪽 By http://www.jazzreview.com/f/user_images/4-4853-7147-1.jpg, Fair use, https://
en.wikipedia.org/w/index.php?curid=27932790
퍼블릭 도메인, https://commons.wikimedia.org/w/index.php?curid=76386222

238쪽 By 컬럼비아 레코드, 공정 이용, https://ko.wikipedia.org/w/index.php?curid=2484592

239쪽 By The logo may be obtained from Venus Records., Fair use, https://en.wikipedia.org/w/index.
php?curid=64203770

239쪽 https://www.venusrecord.com/v2/release/VHCD-2014.html

256쪽 퍼블릭 도메인, https://commons.wikimedia.org/w/index.php?curid=5790769

264쪽 퍼블릭 도메인, https://commons.wikimedia.org/w/index.php?curid=44758348

268쪽 By Sailko - Own work, CC BY 3.0, https://commons.wikimedia.org/w/index.
php?curid=149513618

재즈를 시작해

초판 1쇄 발행 2025년 11월 10일

지은이 이락

책임편집 류정화

펴낸이 윤주용
편집 도은주 | 마케팅 조명구 | 홍보 박미나

펴낸곳 초록비책공방
출판등록 2013년 4월 25일 제2013-000130
주소 서울시 마포구 동교로27길 53 308호
전화 0505-566-5522 | 팩스 02-6008-1777

메일 greenrainbooks@naver.com
인스타 @greenrainbooks @greenrain_1318
블로그 http://blog.naver.com/greenrainbooks

ISBN 979-11-24126-00-4 (03670)

어려운 것은 쉽게 쉬운 것은 깊게 깊은 것은 유쾌하게

초록비책공방은 여러분의 소중한 의견을 기다리고 있습니다.
원고 투고, 오탈자 제보, 제휴 제안은 greenrainbooks@naver.com으로 보내주세요.